♥maju♥

♥maju♥

pa ra _e _a

Copyright © 2016 by Maju Trindade

A Editora Paralela é uma divisão da Editora Schwarcz S.A.

Grafia atualizada segundo o Acordo Ortográfico da Língua Portuguesa de 1990, que entrou em vigor no Brasil em 2009.

CONCEPÇÃO EDITORIAL Jana Rosa
CAPA E PROJETO GRÁFICO Tereza Bettinardi
FOTO DE CAPA Marlos Bakker
FOTOS DO ENSAIO Guilherme Nabhan
PRODUÇÃO DE MODA E STYLING Bárbara Besouchet e Jazzie Moyssiadis
MAKE Vale Saig (capa) e Leila Turgante (ensaio)
AGRADECIMENTOS Vintage e Amigos, Gato Bravo, Minha Avó Tinha, Surreal Meias, Nike, Adidas, Lanchonete da Cidade
PREPARAÇÃO Carina Muniz
REVISÃO Adriana Moreira Pedro, Marise Leal e Patricia Calheiros

Dados Internacionais de Catalogação na Publicação (CIP)
(Câmara Brasileira do Livro, SP, Brasil)

Trindade, Maju
Maju — 1ª ed. — São Paulo: Paralela, 2016.

ISBN: 978-85-8439-033-5

1. Blogs (Internet) – Vídeos 2. Comunicação digital
3. Internet 4. Redes sociais online 5. YouTube (Recurso
eletrônico) I. Título.

16-04428   CDD-303.4833

Índice para catálogo sistemático:
1. Vídeos: Blogs: Internet: Comunicação digital 303.4833

[2016]
Todos os direitos desta edição reservados à
EDITORA SCHWARCZ S.A.
Rua Bandeira Paulista, 702, cj. 32
04532-002 — São Paulo — SP
Telefone: (11) 3707-3500
Fax: (11) 3707-3501
www.editoraparalela.com.br
atendimentoaoleitor@editoraparalela.com.br

introdução

Sim, gente, eu escrevi um livro. Na verdade, estou há meses trabalhando nesse projeto, que me fez ficar muitas horas sem Snapchat, um tempão separando fotos e, finalmente, ACABOU. Agora está aqui com vocês. <3 Nas próximas páginas vai ter muita polêmica e talvez algumas revelações, rsrs. Espero que vocês gostem do livro e das fotos, que foram INCRÍVEIS de fazer.

ex-peste

Quando criança eu era terrível. Batia, mordia e arranhava as pessoas. Morava em um condomínio em Guarulhos com meus avós e desde uns seis anos eu basicamente vivia para aprontar. Descia para brincar com meus amigos e fazia xixi nas casinhas do parquinho. No mercado, esmagava os ovos de Páscoa até quebrar, abria caixas de chicletes para roubar alguns e apertava todos os sacos de salgadinhos da prateleira. Fazia muita coisa errada, causava muito no meu condomínio. Pegava os filhotinhos de cachorro de rua que não tinham dono e escondia dentro do armário do meu quarto para a minha avó não perceber. Uma vez comprei uma chinchila bem pequena e coloquei dentro da caixa do microfone do karaokê que a gente tinha em casa. Ela ficou morando lá por um dia, mas logo descobriram, então tive que soltar a coitadinha no jardim.

Quebrei o braço algumas vezes e esfolei a cara inteira caindo de bicicleta. Apanhava direto da minha avó por causar muito. Uma vez ela até me bateu com pano molhado! Nossa, como dói. Nem preciso dizer que ficava sempre de

castigo. "Ah, mas toda criança é meio terrível, Maju!" Não, gente, eu era pior. Certo dia, fui à casa de umas primas ricas da minha avó. Uma delas era tão fina que tinha celular. (Naquela época só quem era rico tinha celular.) Tive a brilhante ideia de roubar o aparelho dela para dar de presente de aniversário para a minha tia. Chegou o dia da festa, chamei minha prima e disse: "Olha o que vou dar para a sua mãe. Mas não fala para ninguém porque é surpresa". É claro que ela contou para o meu tio, e ele contou para todo mundo. No meio da festa, minha tia Lia começou a orar na minha cabeça dizendo que eu estava perturbada. Minha avó precisou ir até a casa da mulher para devolver o celular — e, claro, passar uma puta vergonha.

Meus vizinhos não gostavam de mim. Com razão, porque todo mundo sabia que eu era terrível. E, por ser assim, me dei mal algumas vezes mesmo sem ter feito nada. Um dia o carro de uma vizinha apareceu todo riscado, provavelmente por um objeto afiado, e na mesma hora todo mundo colocou a culpa em mim. Era a minha fama: riscar carros com objetos afiados e tudo de mais maluco que existisse. Quando eu disse que não tinha sido eu, ninguém acreditou, e fiquei de castigo mesmo assim. Dias depois descobriram que tinha sido um menininho que morava no mesmo condomínio e também era uma peste. Mas ele era apenas o "vice-campeão" do condomínio, ninguém me vencia.

Até quando eu tentava ser boazinha me dava mal. Uma vez achei dez reais no chão do mercado e na hora escondi dentro da roupa. Quando cheguei em casa, fui direto para o parquinho onde estavam meus amigos, chamei todos e avisei que tinha dinheiro. Levei todos à banca do Márcio, que vendia vários doces incríveis — lá eu conseguia comprar umas quinze paçocas com um real e salgadinhos Fofura enormes por cinquenta centavos. Comprei doces para todos eles, e ainda sobraram cinco reais. Minha prima, que morava no mesmo condomínio, desceu para o parquinho, viu aquilo acontecendo e contou para a minha tia. Elas acharam que eu tinha roubado aquele dinheiro da minha avó e me levaram até ela. Ninguém acreditava que eu tinha achado aqueles dez reais, até que minha avó abriu a carteira e percebeu que não estava faltando dinheiro nenhum lá.

Se você é terrível, preste atenção no que pode te acontecer. As pessoas começam a não acreditar mais em você

— além, claro, de todos os castigos e broncas. Sem contar a vergonha que sua família tem que passar se desculpando com as pessoas. Se alguém perguntasse para a minha avó sobre tudo o que eu aprontava, acho que ela poderia escrever um livro inteiro de tantas histórias. Mas ela deve ter orado tanto para eu me acalmar que hoje sou uma ex-peste, fico na minha, na paz, e nunca brigo com ninguém.

pais novinhos

No dia em que nasci, minha mãe tinha dezoito, e meu pai, dezesseis. Ele ainda estava na escola, e ela tinha acabado de se formar no colegial. Eram duas crianças. Meu pai matava aula para me ver quando eu era bebê e ia de bicicleta levar leite para mim. Imaginem quanta aula ele perdeu. É estranho pensar que meus pais me tiveram com a minha idade de hoje. Se eu tivesse um filho agora, seria muito difícil. Não sei o que faria, mas provavelmente minha mãe precisaria me ajudar muito, assim como minha avó a ajudou. Foi por isso que morei muitos anos em Guarulhos com meus avós.

Sempre me perguntam como é ter pais tão novinhos. Para mim é normal, porque estou acostumada desde sempre. Mas eles são novos *mesmo*, e as pessoas se assustam quando descobrem a idade dos dois. O mais legal de ter pais jovens é que eles são modernos e entendem tudo de internet — minha mãe tem Instagram, Twitter e me segue no Snapchat. Então posso dizer que eles entendem a minha vida e o meu trabalho, e isso faz com que me apoiem mais

ainda. Os pais das minhas amigas, por exemplo, são mais velhos e vivem me perguntando: "Por que você tem tantos seguidores? O que você fica fazendo na internet?".

Pais jovens muitas vezes gostam das mesmas coisas que os filhos. Quem tem pais novos, quando chega na idade de já poder sair, percebe que eles também fazem as mesmas coisas: saem, se divertem, gostam de ir a shows. Não são como pais velhos, que levam os filhos para o rolê, dormem e depois acordam para buscar. Ou que ficam bravos porque os filhos querem sair. Até acontece de o meu pai frequentar o mesmo festival que eu, por exemplo. Quando ando com meu pai por aí e ele diz que é meu pai, as pessoas ficam em choque. Ele fica se achando, dizendo que está conservado.

Ter pais novos tem a parte ruim também. Eles lembram demais como é ser adolescente. Já fizeram muita merda na adolescência. Afinal, é algo recente, se você parar para pensar que eles foram adolescentes há quinze anos. Então eles acham que você vai fazer as mesmas besteiras e ficam tensos com isso. Mas os meus confiam muito em mim, e a gente se dá muito bem. Meu pai é mais jovenzão e minha mãe já é mais na dela, bem mãezona mesmo. Eles são separados desde sempre, e eu me acostumei a ter os dois assim.

meus irmãos

Meus pais já eram separados quando eu nasci, por isso é estranho quando me perguntam como é não morar com os dois juntos. Nunca precisei me acostumar com a ideia, sempre foi o normal para mim. Os anos foram passando e meus pais formaram novas famílias, namoraram e casaram com outras pessoas e tiveram outros filhos. Hoje tenho várias famílias, muitos irmãos e acho maravilhoso que seja assim.

São quatro irmãos no total: o Renatinho, de doze anos, e a Rafa, de seis, por parte de pai, e o José Augusto, de nove anos, e o João Francisco, de dois, por parte de mãe. Sou a mais velha e adoro ter irmãos mais novos. Mas queria ter um com idade mais próxima a mim. É muito legal ser a irmã mais velha, brinco com todos e nos damos muito bem. Amo meus irmãos. <3

Acho engraçado que quase todas as minhas amigas que têm irmãos digam que não gostam deles ou que brigam muito. As pessoas ficam chocadas quando falo que meus irmãos são muito legais e que amo estar perto deles.

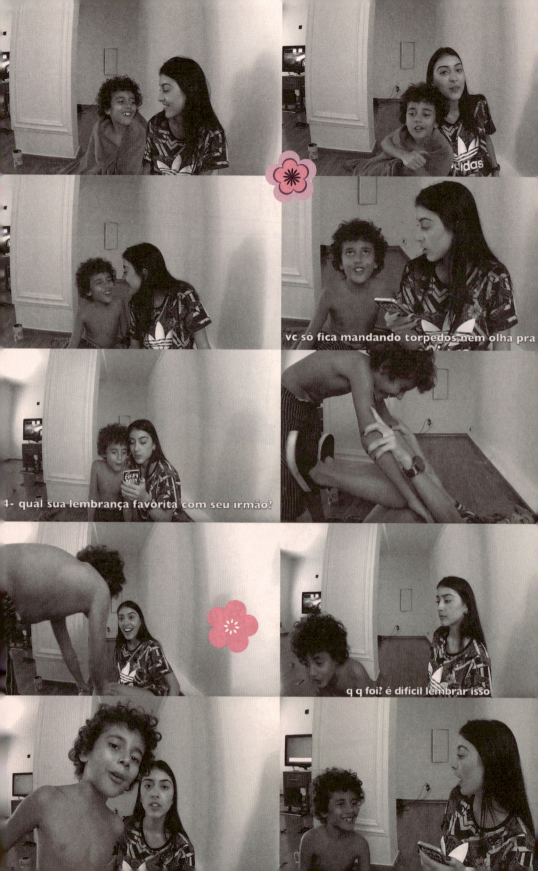

A gente nunca briga, mas quando acontece é rapidinho e já voltamos a ficar bem.

Eles entendem meu trabalho mesmo sendo crianças. Alguns colegas de escola mandam recados para mim através deles, que chegam em casa e contam, muito empolgados, que me mandaram beijo etc. Acontece também de pedirem para tirar foto com eles na escola — meus irmãos aparecem no meu Snapchat, então todo mundo acaba conhecendo. Principalmente o José e o João, que moram com minha mãe, onde eu fico quando estou em Catanduva. Cresci sem irmãos e de repente comecei a ter um monte... E pode ser que eu tenha mais ainda, já que meus pais são muito novos. Quem sabe na próxima edição do livro eu já não tenha que fazer uma atualização. ;)

ladras de ovos

Minha melhor amiga do condomínio era a Thamyres. Nós éramos vizinhas e muito amigas, a ponto de ela dividir os patins comigo. Ela andava com o pé direito e eu com o pé esquerdo — mas eu dava um jeito de calçar no direito porque assim tinha mais equilíbrio. Nós aprontamos muito e vivemos nosso dia de ladras de ovos de Páscoa juntas (mais uma história dessa infância tão gracinha).

Toda Páscoa minha avó vendia ovos no condomínio e para a família. Ela comprava de uma senhora que fazia e depois revendia. A casa dela ficava cheia de enco-mendas de ovos. Um dia eu e a Thamyres decidimos mexer nos ovos e roubar um deles. Nós escolhemos o de prestígio, que era o maior. Nem estávamos a fim de comer ovo de Páscoa, a graça era só roubar um da minha avó mesmo.

Descemos para o parquinho do condomínio comendo aquele ovo enorme, cada uma com uma metade. Mas era tão grande que começamos a não aguentar mais. A gente mordia e nunca acabava. Ficamos sujas de chocolate e passamos a oferecer para os guardinhas e para qualquer pessoa que passasse, mas ninguém aceitava.

    Já imundas de chocolate e andando sem rumo com os restos na mão, decidimos jogar tudo o que sobrou do ovo no lixo, tentando disfarçar aquilo que tínhamos feito. E então começamos a ouvir nossas avós gritando horrores: estavam muito bravas e provavelmente levaram a gente para casa e nos colocaram de castigo direto. Nem lembro direito, mas com certeza foi um castigo daqueles. O pior é que minha avó faz até hoje um bolo prestígio que é supergostoso, mas nunca mais consegui chegar perto depois de comer sozinha quase a metade daquele ovo enorme. Problemas com que ladras de ovos têm que lidar para todo o sempre.

tico

Já tive alguns bichos de estimação: tartaruga, cachorro, coelho, chinchila. Mas teve um que foi especial. Toda terça tinha feira no meu bairro. Um dia apareceram uns caras vendendo pintinhos. Só que eles pintavam os bichinhos de roxo, verde, rosa. Hoje em dia nem sei se isso ainda existe ou se é permitido, mas eu era muito pequena e aquela era a coisa mais maravilhosa que eu já tinha visto.

Quis um, claro.

Compramos, eu e minha prima, um pintinho rosa, mas a minha avó não deixou que ele ficasse em casa. Então ele ficou morando na casa da minha tia, e eu só via o pintinho quando ia lá. A brincadeira que eu e minha prima mais gostávamos de fazer era colocar o Tico (esse era o nome dele) no carro da Barbie. A gente dava corda para trás e soltava o carro, depois continuava empurrando e fingindo que ele estava dirigindo. Tadinho. Sempre que o soltávamos, no chão, falávamos "Ticoooo, na passarela!".

O pobre do Tico cresceu até virar um minigalinho, e aí a gente mudou a brincadeira e começou a brincar de jogá-lo para o alto para ver se ele descia voando. Quer dizer, nunca que ele tinha paz. Apesar dessas brincadeiras sem noção de criança, amávamos o Tico. Ficamos uns seis meses com ele na nossa vida. Um dia chegamos da igreja e não ouvimos o "piu, piu, piu" de sempre. Ele estava morto. A gente enrolou o Tico no jornal, colocou em um saco e jogou na lixeira. :(

sou de humanas

Deve existir alguém que gosta da escola, mas eu não sou essa pessoa. Tá, eu até gosto um pouco. Sinto saudade quando estou de férias, mas como é que as pessoas conseguem acordar tão cedo todos os dias? Só acho bom acordar cedo quando é para viajar, mas aí quem não gosta, né? Hahaha.

Estou no último ano. Algumas pessoas ficam surpresas com o fato de eu ainda estudar, porque acham que sou mais velha. Então já vou responder aqui para todos que vivem me perguntando: repeti o primeiro colegial. Já era para eu ter terminado a escola no final de 2015. Como foi horrível o dia em que descobri que repeti! Estava de férias na casa da minha avó e meu pai ligou. Ela me acordou chorando e dizendo que eu não tinha passado de ano. Fiquei muito mal e cogitei nunca mais sair de casa de tanta vergonha. Não queria fazer nada nunca mais. Minha família me ajudou e me acalmou, dizendo "Tudo bem, repetir de ano acontece!". Eles foram muito legais comigo naquele momento. Então comecei a conhecer outras pessoas que também tinham sido reprovadas — e aí vi que acontece nas melhores famílias mesmo.

Cada ano gosto de uma matéria. Já curti muito biologia, principalmente porque repeti e fiquei dois anos aprendendo sobre genética. Então eu sabia tudo sobre DNA e era bem nerd nessa matéria. Também teve uma época, na minha escola de Guarulhos, em que o professor de matemática criava umas musiquinhas para a gente decorar as fórmulas. Foi assim que decorei a fórmula de Bhaskara e aprendi a calcular a tangente.

Quando mudei para Catanduva, queria ensinar essas musiquinhas para todo mundo. Qualquer dia posso gravar um vídeo ensinando esses truques para vocês, e todo mundo vai tirar dez graças a mim, o.k.? Foi só aí que gostei de exatas, porque não suporto esse tipo de matéria. Física não desce nem um pouco (talvez se eu entendesse alguma coisa...), e química só às vezes. Gosto de história e geografia. Sou de humanas. Inclusive já estou aqui fazendo um colar de miçangas para vender para vocês. ;)

Várias pessoas da minha sala têm emprego, mas o meu trabalho é um pouco diferente. Eu saio da aula e tenho que viajar, por exemplo, para trabalhar em São Paulo. Minha agenda é maluca e nada é fixo. Isso me faz faltar muito. Sempre fui uma aluna que nunca faltou nem chegou atrasada — meu boletim tinha 100% de frequência na época em que morei com meus avós. Agora tenho que pedir para os meus colegas de sala me mandarem foto do caderno deles para eu copiar. No meu celular só tem foto de cadernos e de lousa cheia de matéria. Muita gente não entende como alguém

consegue estudar e trabalhar assim ao mesmo tempo. Eu também não entendo, mas eu tento. Levo meu computador e o material na mochila para tentar estudar nos intervalos de alguma gravação ou foto. Acordo às cinco da manhã para tentar fazer a lição ou estudar para as provas. Faço a lição entre uma aula e outra na sala. Vou dando um jeito, enfim.

    Acho que quando eu acabar o último ano vou sentir saudade da escola. De acordar cedo e fazer a mesma coisa todo dia. Mentira: no dia em que eu me formar vai ser um alívio muito grande. Nem sei o que eu vou fazer primeiro, se é dormir, viajar ou trabalhar. Sempre me perguntam se vou fazer faculdade. Acho que vou tirar um ano para trabalhar muito e depois pensar em estudar de novo. Sei que vai ser algo de humanas e que vai ter a ver com o trabalho que eu já faço, mas veremos... Muita coisa pode acontecer.

o que eu não vou ser

Quando eu era novinha, fazia vôlei em um clube do meu bairro. Um dia parei de ir. A decisão não tinha nada a ver com o esporte: foi porque furei todas as caixas de suco que davam no lanche para as crianças e deu o maior problema. Os professores quiseram saber quem tinha feito aquilo e acabei confessando. Como todo mundo ficou horrorizado, resolvi parar de ir. (Mais uma história de criança terrível para este livro, porque sempre cabe mais uma.)

Além do vôlei, fazia ginástica olímpica. Fui ginasta por quase oito anos. Usava um collant escrito Maria Júlia, que guardo até hoje. Minha avó jogava um quilo de gel no meu cabelo, prendia bem preso com grampos e eu ia me apresentar, enquanto ela tirava mil fotos. Ganhei umas treze medalhas ao todo, se não me engano. A maioria de bronze e prata. Só umas duas ou três foram de ouro, quando competia em grupo. Treinava toda terça e quinta por duas horas. Minha barriga era trincada. O professor mandava a gente fazer duzentos abdominais em cada treino. A competição era entre escolas, e eu era magrinha e levinha. Todo mundo queria fazer dupla comigo para me carregar. Sempre ficava muito nervosa nas competições, mas gostava daquilo. Amava as roupas que usava para me apresentar e odiava ter que fazer coque com o cabelo puxado de gel. Se não tivesse parado, talvez estivesse competindo até hoje, mas quando mudei para o interior interrompi os treinos de vez.

Fora a minha "carreira" de ginasta, eu também passava os braços de trás para a frente com eles juntos por cima da cabeça, tipo aquelas crianças que se contorcem inteiras em programas de calouros na TV. As pessoas pediam toda hora para eu fazer isso. Tive até um problema nas costas — inclusive ainda hoje sou torta e corcunda —, que me levou a fazer alguns anos de RPG. Também fiz balé no fundamental I e karatê no oitavo ano (sei contar até dez em japonês, mas não sei nenhum golpe). Só nadar que não sei até hoje. Se entro em uma piscina, só sei boiar com a mão no nariz.

Mas esse tempo todo eu não sonhava em ser ginasta — queria mesmo era ser chef de cozinha. Porque eu gostava de ajudar minha avó a cozinhar. Detalhe: hoje em dia não sei fazer nada, nem arroz. Acho que não prestei nenhuma atenção no que ela fazia enquanto ajudava. Que chef de cozinha fajuta! Da minha lista do que vou ser quando crescer, já risquei Daiane dos Santos, chef de cozinha, nadadora e contorcionista de programa de auditório.

maju fotógrafa

Sempre gostei de fotografar e de olhar fotos. Tive uma câmera analógica, mais conhecida como câmera de filme, que foi a minha primeira. Cheguei a estragar alguns rolos porque me trancava no quarto, abria a câmera e então queimava o filme. Nessa época eu já tirava selfie. Nada demais, nem lembro se já chamava selfie. Eu via no Fotolog as pessoas tirando fotos delas mesmas e fazia o mesmo. Depois minha avó comprou uma Kodak digital. Ela tinha uma telinha bem pequenininha, mas era incrível. Eu pegava a câmera e tirava foto de tudo. Fotos minhas, da família, de plantas, de amigos. De qualquer pessoa ou qualquer coisa.

No meu aniversário de catorze anos, meu pai me deu uma Nikon semiprofissional. Achei incrível e quis mais ainda fotografar todo mundo. Pedia para as minhas amigas posarem para mim, mas elas não topavam, porque tinham vergonha. Então eu tirava mais fotos minhas e das minhas priminhas crianças, que não tinham a opção de não querer ser minhas modelos. Depois ganhei um iPhone 4, depois o

5 e depois o 6s, e a resolução das fotos é maravilhosa. E aí é aquela história: nunca parei de fotografar.

Adoro tirar fotos — de coisas, de pessoas, de tudo. Já fui fotógrafa profissional, sabia? Pelo menos era isso que eu achava. Quando eu tinha treze anos, meu primo me chamava para fotografar as pessoas nas festas que ele fazia em Guarulhos. Como eu tinha vergonha de ir sozinha, levava uma amiga junto, tipo uma equipe de fotógrafas. Ficávamos com a câmera pendurada no pescoço, nos vestíamos com uma roupa toda preta e fazíamos babyliss no cabelo. (E eu ainda usava um cordãozinho com um pingente de camerazinha no pescoço, que era para passar credibilidade como fotógrafa.)

Como eu amava fotografar as festas e depois editar as fotos! Não via a hora de chegar em casa e começar o trabalho. Colocava uma marca-d'água embaixo delas escrito "Maju Trindade". Depois, meu primo me pagava vinte reais, que eu gastava em açaí. Grande investimento do meu salário. Era demais!

timelinda

Se eu fosse dar apenas uma dica para quem quer sair bem numa foto, seria: fotografe só durante o dia. Depois das seis da tarde não rola mais. Sem a luz do sol não é a mesma coisa. Algumas fotos com flash até ficam boas, mas as feitas de dia são as melhores e ponto — eu, por exemplo, tiro foto na janela, no carro, em casa, no hotel...

Encontrar seu melhor ângulo é tão importante quanto acertar a luz. Antes eu tirava foto de um ângulo de que eu não gostava, e agora consegui achar o meu preferido. Descobri tirando muitas fotos, até encontrar. Todo mundo tem um lado do rosto de que gosta mais, ninguém tem o rosto certinho dos dois lados. O truque é se olhar no espelho, tirar foto no espelho, tirar selfie, observar fotos em que sai com os amigos. Sempre tem aquela em que você saiu bem. Ter uma câmera com a resolução boa ajuda também. Antes eu me produzia, me maquiava e trocava de roupa várias vezes só para passar uma tarde tirando selfies em casa e depois ir postando com o tempo.

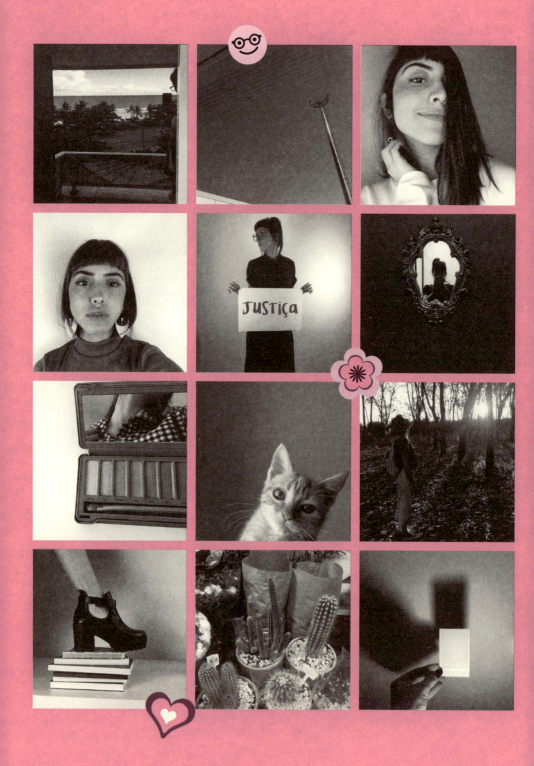

Adoro deixar o feed bonito. Gosto de olhar para ele e só ter fotos lindas, mas nem sempre a gente consegue. E tudo bem dar uma "estragada". Depois é só tentar de novo e começar uma série de fotos boas. Eu também amo fotografar coisas aleatórias. É importante reparar bem no que está à nossa volta — até as coisas feias ou toscas têm sua beleza. Para um Instagram ser bonito, não basta ter fotos só da pessoa, e sim do que ela viu, por onde passou, da vida dela. Se você quiser deixar sua timeline e seu Instagram bem lindos, comece a reparar nisso.

o piercing
e o frango

Esta história é bizarra e já aviso que não sei por que fiz isso. Também espero que ninguém nunca repita o que eu fiz. Minha amiga Jéssica chegou à escola com um furo no nariz. Eu, que era a atrasada, a magrela que não tinha menstruado nem beijado ninguém, quis na hora ter um piercing para tentar ser igual às meninas como ela. Descobri que poderia fazer o furo sozinha em casa, e assim começa este episódio absurdo.

Pesquisei e descobri que se colocasse gelo no nariz, ele ficaria anestesiado. Só que não tinha gelo no congelador. O que eu achei foi um frango congelado que estava embrulhado em um saco. Encostei-o no meu nariz e deixei até achar que já estava bom. Peguei um brinco qualquer que eu tinha e fiquei rodando no local, mas nada de furo. Entrei no banho e fiquei rodando até ele entrar no meu nariz (eu disse que a história era absurda).

Pronto, furei o nariz. Mas vocês acham que acabou por aí? Dentro do boxe do banheiro tinha uma janela que dava para um vão, e lá embaixo ficava a casa de um vizinho.

Enquanto eu girava o brinco, coloquei o frango congelado embrulhado em cima do murinho da janela, porque a minha intenção era guardá-lo no congelador de novo. Sem querer, o frango caiu no vão, direto na casa do vizinho, e eu simplesmente não percebi que isso tinha acontecido. Como eu não percebi isso? Meu Deus!

A ideia fraca continuou. Eu não tinha um piercing para colocar no furo que havia feito, então coloquei um grafite da minha lapiseira no lugar. A intenção era comprar um piercing no outro dia, mas quando acordei meu nariz estava roxo, infeccionado e muito dolorido. Eu já avisei para vocês NUNCA fazerem isso em casa, certo? Dá muito errado mesmo. Nunca mais pude furar o nariz do lado que infeccionou, e imagina se tivesse sido algo pior? Que horror!

E o frango? Muitos dias depois, meus avós foram até a casa do vizinho e, na volta, disseram: "Nossa, a casa dele está com um cheiro insuportável. Parece que algum bicho morreu lá". Quando finalmente descobriram a fonte do mau cheiro, o frango já estava tão estragado que ninguém sabia o que era. Acreditaram que um bicho qualquer tivesse morrido lá e entrado em decomposição. Eu nunca falei nada. Quer dizer, agora falei. Foi mal, vizinhos de baixo, Vó Geni e Vô Zé. Desperdicei um frango.

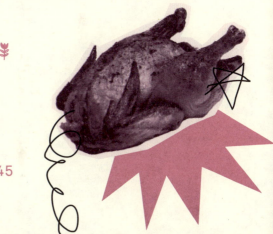

vida no interior

Fui eu que pedi para mudar para o interior. Queria morar com a minha mãe e perto do meu pai. Queria aproveitar e fazer aula de violão, teatro, várias atividades o dia todo. Achei que seria incrível, mas foi uma decepção. Não sou uma pessoa que combina com o interior e eu só percebi isso um ano depois de ter me mudado. Tem gente que ama morar lá, como minha mãe. Ela não gosta de São Paulo. A vida no interior é bem diferente da vida em São Paulo. É tudo perto, tudo acontece sempre na mesma rua, o comércio fecha às seis da tarde e o shopping é pequeno, com poucas lojas. Na verdade, tudo no interior fecha cedo.

Eu gosto de cidade grande porque curto coisas que não existem no interior. Tipo sair muito, ver shows de bandas famosas numa segunda-feira. Prefiro uma festa onde todo mundo se esbarra o tempo todo do que um lugar mais vazio. Gosto de ter tudo o que eu quero na hora em que eu quero (no caso, opções de lugar para sair), ver gente diferente, ter cinemas, restaurantes, festas, programação todos os dias. Amo ver sempre rostos e lugares diferentes.

Mas antes que digam que eu odeio o interior, não é verdade. Sei que existe a parte boa de morar em cidade pequena. É sossegado, calmo e não tem trânsito, que é a pior parte de São Paulo. Só que cada um é de um jeito, e tem gente, como eu, que não nasceu para o sossego.

Os adolescentes que sonham em se mudar para São Paulo para estudar ou trabalhar porque querem viver numa cidade grande têm mais é que fazer isso mesmo. Mas devem ir pensando no que vão fazer, porque é uma cidade muito cara, onde você precisa trabalhar muito. As pessoas em São Paulo só trabalham; é o tempo todo gente se esbarrando com cara de "Não tô aqui para ser simpático, tô aqui para trabalhar".

Mas eu gosto disso. Se algum dia eu cansar e quiser me mudar, vai ter de ser para uma cidade mais agitada ainda, tipo Nova York. Tá, kirida?

estilo da maju

Antes dos doze anos eu não tinha muito estilo. Ficava com medo de usar alguma coisa e falarem de mim, então tentava ser bem normal para ninguém reparar muito.

Depois, entrei em uma fase colorida: usava tênis colorido, calça colorida, maquiagem colorida, relógio colorido, unha colorida. Todo mundo começou a se vestir assim. Era a época do Restart, e mesmo quem não gostava da banda se vestia igual a eles na escola.

Depois virei básica, tipo shorts, tênis e blusa. Cansei de ser colorida e quis ficar mais neutra. Também tive um momento, perto dos quinze anos, de usar mais salto e vestidinho, porque já morava no interior e é comum as meninas de lá serem bem vaidosas assim. Mas eu logo voltei para o tênis e abandonei o saltão e os vestidos colados.

Desde que passei a ficar na internet 24 horas por dia, comecei a ver o Tumblr e a gostar de looks e peças de roupa. Às vezes vejo algumas roupas em fotos e saio procurando igual. É assim que vou me vestindo. Meu estilo, hoje, se tivesse um nome, se chamaria "O que eu tenho". É uma

mistura do que eu compro com o que eu ganho, mas sempre confortável. Não adianta ser bonito se não for confortável na hora de usar. Leggings, jeans, camisetão, jaquetas, tênis, chinelo. É assim que eu me visto no dia a dia. Neste momento, estou adorando ser básica, e essa é uma dica boa para quem não trabalha e não tem como comprar muita roupa. Poucas peças podem virar looks diferentes.

    Se eu precisasse pegar a mesada e comprar poucas coisas para me vestir bem, investiria em um camisetão básico para começar. Tipo camiseta barata que vende até no supermercado ou camisetas do meu pai. Preta, branca,

cinza, tudo liso, dá para usar como vestidinho, colocar por dentro de um shorts jeans ou usar com legging. Tenho uma bota de salto grosso que amo muito e uso toda vez que quero sair de salto, mas, se fosse para escolher um sapato só, seria um All Star branco, que é tudo na vida.

Com pouco dinheiro você compra peças básicas e, quando puder comprar algo diferente, vai investindo em uns tênis coloridos. Até gosto de estampa, mas é difícil usar. Listrado também já foi a minha marca registrada, mas enjoei. Hoje eu gosto de tudo preto, porque a gente sabe que preto combina com tudo. "Gótica básica confortável" é o nome do meu estilo, pensando bem.

girl crush

Essas são as minhas *girl crush*, meninas que me inspiram e que eu amo.

ruby rose

A primeira vez que vi a Ruby Rose foi um pouco antes da terceira temporada de *Orange is the New Black*. A galera já estava falando dela e eu a achei maravilhosa quando vi uma foto. Ela é muito linda e eu amo *Orange*, já assisti duas vezes a todas as temporadas. Falo para todo mundo que é a melhor série que existe. Quando alguém que conheço diz que nunca assistiu, vejo junto com a pessoa só para poder curtir tudo de novo. A terceira temporada, de 2015, começou no dia do meu aniversário, e foi aí que cresceu o meu *girl crush* pela Ruby. Amo o rosto dela e o jeito como se veste, meio menininho. E ela é cheia de tatuagens. Queria ser assim toda tatuada também. A Ruby tem aquela carinha de boneca, aqueles olhos maravilhosos. Se existisse uma eleição, eu votaria nela como a mais linda do mundo.

rihanna

Para mim, a Rihanna é a pessoa mais estilosa no mundo, com toda a certeza. É maravilhosa até sem nada, e qualquer coisa que ela usa fica legal. Só que ela coloca umas roupas enormes e malucas e mesmo assim fica musa. No Rock in Rio, vi o show dela, que usou aquela roupa que parecia um saco amarelo. Meu Deus, como eu amo. Fiquei louca. É difícil listar o que é mais legal na Ri-Ri. Aquele rosto, as tatuagens, as músicas dela. Mas o mais incrível é que ela se veste de um jeito muito confortável e não está nem aí para nada, principalmente para o que os outros vão pensar. Aí ela acaba ficando mais bonita ainda.

jessie j

Ela é a pessoa com a voz mais linda que eu já ouvi. Eu ouço a Jessie J direto, gosto de assistir aos vídeos dela nos shows e fico cantando muito. Ela tem um CD acústico que é incrível. O estilo dela também é demais. E quando raspou a cabeça? Mais maravilhosa impossível. Depois, com o cabelo bem curtinho, na altura do ombro, também. Eu queria raspar a cabeça igual quando vi que ela tinha raspado.

Muitas vezes eu fico em casa imitando a Jessie J e dando uns gritos, tentando cantar igual. Pena que não fica nada parecido...

jessica jones

Orange is the New Black é minha série preferida, mas *Jessica Jones* também me deixou apaixonada. Ela é toda poderosa, parece meio antipática e malvada no começo, mas logo você começa a torcer muito por ela. Eu odeio o Kilgrave com todas as minhas forças. Depois que eu assistia aos episódios e fechava o computador, entrava em uma noia achando que ele estava me controlando. Já até sonhei com ele, credo! A Jessica é uma heroína, uma garota superpoderosa que também se veste meio "gótica básica confortável". Gosto muito e super-recomendo a série, bjs.

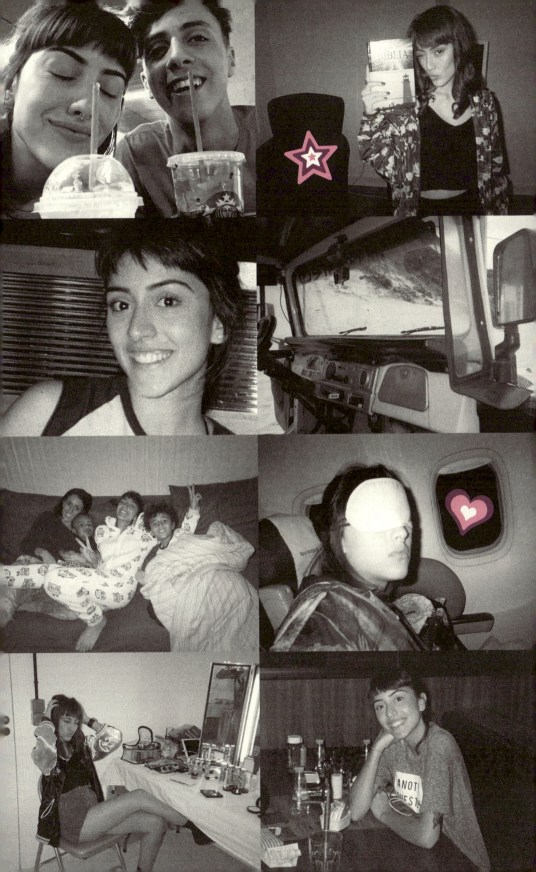

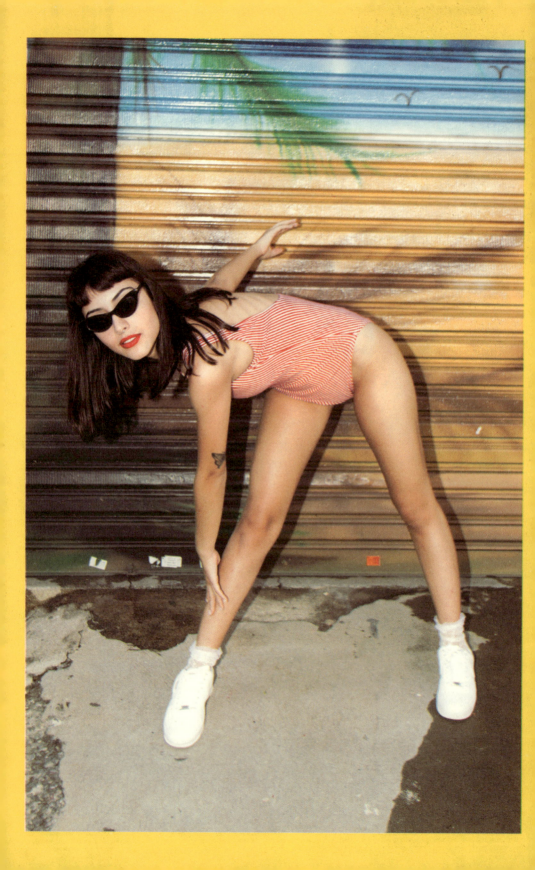

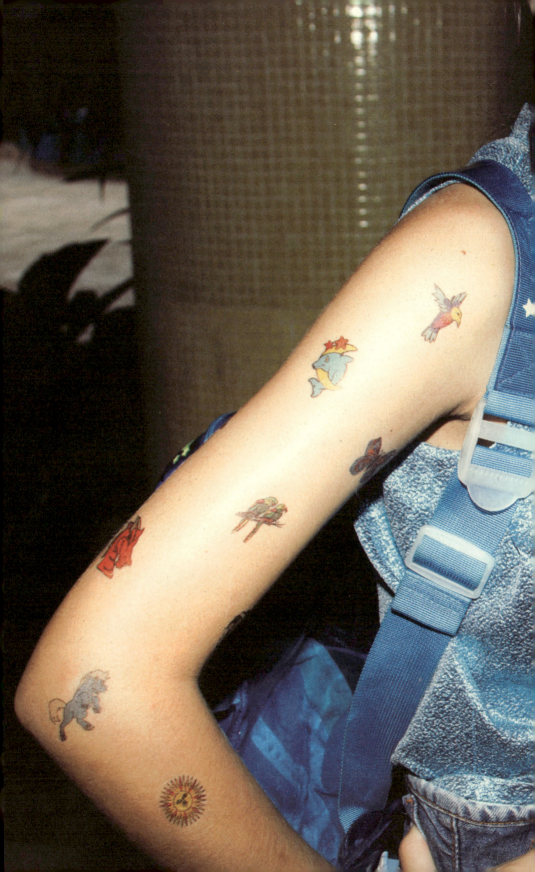

meu deus

Vou à igreja desde sempre. Morava com meus avós quando era criança, e no começo da adolescência eles sempre foram muito rígidos com isso. Todo domingo eu ia à igreja e só podia sair no sábado para passear ou dormir na casa da minha prima se acordasse cedo no dia seguinte. Mas era muito cedo mesmo, precisava acordar às seis da manhã do domingo para o culto das sete. Às vezes inventava uma mentirinha dizendo que estava com dor de cabeça ou passando mal para não ir, mas meus avós diziam: "Jesus está voltando e você vai ficar". Nunca vou esquecer dessa frase. Eu ficava desesperada porque não queria ficar, então me arrumava e ia.

Também tinha o culto às quartas, depois da escola. De vez em quando eu almoçava na escola e eles me buscavam para ir direto. Então eu ia toda quarta, todo domingo e algumas sextas à tarde. Quando me mudei para Catanduva, minha mãe não frequentava tanto a igreja. Eu tinha catorze anos, fiquei um ano morando com ela e depois fui viver na casa do meu pai, que também não frequentava nenhuma igreja. Foi nesse tempo que me afastei.

Posso dizer que a época em que me distanciei da igreja foi uma das piores da vida.

Não deixei de acreditar em Deus, mas deixei de me alimentar da palavra e, consequentemente, deixei tudo isso de lado. No final de 2015, uma amiga da minha sala me convidou para conhecer a igreja dela e, como eu estava passando por um momento ruim, decidi ir. Foi naquele dia que ouvi o que eu realmente precisava para mudar a minha vida: saí dali decidida do que eu queria e voltei a morar na casa da minha mãe. Quando voltei a viver com ela, percebi que minha mãe tinha mudado, e nossa relação melhorou bastante. Era realmente isso que eu precisava fazer, voltar.

Desde então continuei frequentando uma igreja na minha cidade. Como viajo muito, nos últimos tempos tentei visitar igrejas em que eu me sentisse bem. Mesmo assim é muito difícil conseguir manter um compromisso de ir sempre, e a gente se distancia. E acaba priorizando outras coisas, convivendo com pessoas que têm focos diferentes do seu. Além do mais, a gente nunca quer ser a diferentona do rolê e passa a ir no embalo de quem não segue uma vida cristã. Percebi que estava sendo influenciada, ao invés de influenciar e de falar sobre Jesus para as pessoas. Eu dizia não ter tempo para Deus e preferia me preencher com outras coisas que eu achava que realmente iriam me satisfazer. E isso só foi me afastando ainda mais Dele.

Mas Deus abriu muitas portas para mim, e acredito que tudo isso que aconteceu na minha vida (inclusive este livro, que eu jamais imaginaria fazer) foi porque Ele tem um propósito muito grande para mim. Assim como Ele tem para você que está me lendo agora. Nestes últimos tempos, voltei para a igreja e passei a citar bastante Jesus. Não apenas porque retornei para os cultos, mas por ter visto que Deus era único na minha vida. Sempre que acontece de eu citar qualquer coisa que seja, choro de felicidade ao receber e-mails e mensagens de pessoas me agradecendo por aquela palavra. Entendi realmente o porquê disso tudo! Na escola, quando era mais nova, me zoavam e perguntavam se eu era "crente". Eu, sempre envergonhada, nunca falava que sim. Eu dizia "minha família frequenta, mas eu não sou, não". Não entendo por que eu tinha essa vergonha toda. Hoje costumo dizer que prego Jesus, e não uma igreja/ religião.

Meus avós sempre disseram que tatuagens e piercings eram coisa do diabo e que Deus não "se agradava" se eu fizesse. Depois que cresci (aos dezessete anos, risos), entendi que Deus não olha para os meus piercings, para as minhas tatuagens ou para o jeito como eu me visto, mas sim para o meu coração. Ele me aceita do jeito que eu sou.

Fico muito feliz pela oportunidade de poder falar desse Deus para você que está lendo o livro agora! Queria contar meu testemunho porque o que eu mais desejo agora é compartilhar Jesus com outras pessoas. Que Deus abençoe você que está lendo isto. <3

Deus é bom o tempo todo e o tempo todo Deus é bom. Nunca se esqueça.

SenHoR é m

NADA Mo

versículos

salmos 51,1-3; 6; 10; 13

Por causa do teu amor, ó Deus, tem misericórdia de mim.
Por causa da tua grande compaixão, apaga os meus pecados.
Purifica-me de todas as maldades
e lava-me do meu pecado.

Pois eu conheço bem os meus erros,
e o meu pecado está sempre diante de mim.

[...]

O que tu queres é um coração sincero;
enche o meu coração com a tua sabedoria.

[...]

Ó Deus, cria em mim um coração puro
e dá-me uma vontade nova e firme!

[...]

Então ensinarei aos desobedientes as tuas leis,
e eles voltarão a ti.

salmos 66,16-20

Todos vocês que temem a Deus,
venham e escutem,
e eu contarei o que ele tem feito por mim.

Eu gritei, pedindo a sua ajuda;
então o louvei com hinos.
Mas se tivesse guardado
maus pensamentos no coração,
o Senhor não teria me ouvido.
Porém Deus, de fato, me ouviu
e respondeu a minha oração.

Eu louvo a Deus
porque ele não deixou de ouvir a minha oração
e nunca me negou o seu amor.

mateus 18,1-5

QUEM É O MAIS IMPORTANTE Naquele momento, os discípulos chegaram perto de Jesus e perguntaram: "Quem é o mais importante no Reino do Céu?". Jesus chamou uma criança, colocou-a na frente deles e disse: "Eu afirmo a vocês que isto é verdade: se vocês não mudarem de vida e não ficarem iguais às crianças, nunca entrarão no Reino do Céu. A pessoa mais importante no Reino do Céu é aquela que se humilha e fica igual a esta criança. E aquele que, por ser meu seguidor, receber uma criança como esta estará recebendo a mim".

joão 13,7

"Agora você não entende o que eu estou fazendo, porém mais tarde você vai entender."

hebreus 12,1-6

DEUS, O NOSSO PAI Assim nós temos essa grande multidão de testemunhas ao nosso redor. Portanto, deixemos de lado tudo o que nos atrapalha e o pecado que se agarra firmemente em nós e continuemos a correr, sem desanimar, a corrida marcada para nós. Conservemos os nossos olhos fixos em Jesus, pois é por meio dele que a nossa fé começa, e é ele quem a aperfeiçoa. Ele não deixou que a cruz fizesse com que ele desistisse. Pelo contrário, por causa da alegria que lhe foi prometida, ele não se importou com a humilhação de morrer na cruz e agora está sentado do lado direito do trono de Deus. Pensem no sofrimento dele e como suportou com paciência o ódio dos pecadores. Assim, vocês, não desanimem, nem desistam. Porque na luta contra o pecado vocês ainda não tiveram de combater até à morte.

Será que vocês já esqueceram as palavras de encorajamento que Deus lhes disse, como se vocês fossem filhos dele? Pois ele disse: "Preste atenção, meu filho, quando o Senhor o castiga e não se desanime quando ele o repreende. Pois o Senhor corrige quem ele ama e castiga quem ele aceita como filho".

vida de modelo

Perto da casa da minha avó, em Guarulhos, existia uma galeria com lojinhas, estilo shopping pequeno. Quem comprasse mais de duzentos reais podia desfilar com a roupa. Ou seja, qualquer pessoa conseguia ter um dia de modelo. Só precisava consumir. Minha avó começou a comprar casacos da Lilica Ripilica só para eu poder desfilar. Aquilo, para a gente, era tipo comprar Chanel. Ela parcelava o ano inteiro aqueles casacos.

Tive o meu dia de Gisele Bündchen e adorei. Na hora do desfile, eles te apresentavam usando um microfone e diziam o que cada um gostava de fazer e comer. "Maria Júlia, dez anos, gosta de ginástica olímpica e de comer legumes." Juro, eu entrei na "passarela" com a mão na cintura e uma coroinha de strass na cabeça com as pessoas ouvindo que eu gostava de comer legumes. Adoro legumes! Outra vez desfilei de biquíni, com uma saída de praia amarrada que tinha que desamarrar no meio da passarela. Claro que eu não consegui na hora certa, mas no fim deu tudo certo.

Quando eu tinha doze anos, estava andando no centro de Guarulhos com minha avó e uma mulher disse para a gente: "Sua neta pode ser modelo". Decidi fazer um book com a agência dela, que custou 250 reais. Recebi um CD com as fotos, mas logo depois a agência fechou, então, no fim, não deu em nada. (Pelo menos as fotos serviram para colocar aqui no livro, haha.) Em Catanduva fiz umas fotos para uma loja usando as roupas deles. Em troca, ganhei aquelas fotos para postar no meu Facebook.

Foram as minhas primeiras experiências como modelo. Antes disso, eu ficava assistindo aos desfiles da Victoria's Secret e achava tudo maravilhoso. Dizia: "Queria ser igual a elas e desfilar assim também". Até que um dia a Way Model, uma agência de modelos de São Paulo sobre a qual nunca tinha ouvido falar, cheia de modelos conhecidas, me procurou. Eu, que já tinha vários seguidores no Instagram, entrei para um casting deles chamado Way Talents, da galera da internet.

Gosto de trabalhar com foto. Sempre gostei de fotografar, mas não me dedico só a isso. E não é sempre que aparece esse tipo de trabalho. Não sou como aquelas meninas da passarela, supermagras e fitness, que comem tudo certinho e dormem muitas horas toda noite para ficar com a pele descansada. Trabalho com a internet e também como modelo fotográfica quando aparecem trabalhos. No dia do ensaio, vou lá, faço as fotos ou o vídeo, e depois volta tudo ao normal. Vou embora, como um hot dog ou dois. E, mesmo passando horas no estúdio, normalmente eu ainda saio e durmo tarde.

Esses novos tipos de modelo, como eu, são meninas que não têm 1,80 m e que trabalham como influenciadoras digitais. Bombam no Instagram e fazem propaganda de algumas marcas também. A Kendall Jenner e a Gigi Hadid são duas das responsáveis por isso estar crescendo no mundo da moda lá fora.

Trabalho de modelo não é só glamour. Pode parecer quando você vê a foto pronta, mas geralmente o trabalho começa muito cedo, quatro ou cinco da manhã, e é demorado. São horas de maquiagem, várias trocas de roupa. Você tira quinhentas fotos para cada duas que a equipe da marca escolhe no final. Precisa ficar lá em pé com cara de linda, faça chuva ou faça sol. Você espera as pessoas te arrumarem, montarem a luz da foto ou da gravação etc. Já cheguei a ficar nove horas num estúdio fotografando. Quando tem mais modelos é ainda mais demorado, mas o resultado sempre acaba valendo a pena.

No começo, eu achava estranho me maquiarem e pentearem sem perguntar se eu estava gostando ou não daquilo. Eu não podia escolher nada. Modelo não pode opinar no make, nas roupas, não pode decidir nada quando está trabalhando. Eu também me chocava de ter que trocar de roupa na frente das pessoas, tinha vontade de ir ao banheiro para não me verem pelada. Hoje em dia não estou mais tão tímida. Podem me maquiar como quiserem também, me libertei.

Quando comecei, era mais pela minha avó, que apostava nessa carreira e amava me ver desfilando na galeria perto de casa. Hoje ela abre uma revista e me vê traba-

lhando com marcas incríveis, fazendo campanha com fotos espalhadas pelo shopping e vem toda feliz e orgulhosa me elogiar. Vó, isso foi tudo culpa sua. Queria aproveitar para dizer que te amo e amo que você tenha me feito amar isso tudo.

franja, a lição

Até pouco tempo atrás, meu cabelo era enorme e eu achava que ele me deixava com cara de patricinha de catorze anos. Um dia, eu e minha ex-cunhada decidimos cortar o cabelo. Assim, do nada. Ligamos no salão, marcamos e fomos, no mesmo dia. Eu só queria diminuir o comprimento, mas na hora decidi fazer franja também. Algumas pessoas acharam que foi muito radical, mas eu gostei. Uma franja muda muito o rosto, e a minha intenção era mesmo mudar o meu, porque eu já estava cansada de acordar com o cabelo liso, sempre do mesmo jeito. Queria mudar. Sou geminiana e todo dia quero mudar tudo, não consigo ficar quieta. Eu cortaria o cabelo mais vezes se pudesse, até rasparia a cabeça. Não sofro com mudança de cabelo, porque, se enjoar, eu mudo de novo ou prendo. A verdade é que se eu ficar pensando que eu vou me arrepender de algo na vida, não faço nada. Com cabelo é a mesma coisa.

Depois do cabelo novo, mais curto e com franja, decidi que queria a franja mais curta ainda. (Lá vem mais uma história que deixou lições.) Estava sozinha em casa e decidi cortar minha própria franja para deixar a sobrancelha aparecendo. Peguei um borrifador e primeiro molhei e penteei tudo para a frente com um pente-fino. Depois comecei a cortar por cima da sobrancelha, na altura que eu imaginava que ficaria bom. Antes de cortar tive a ideia de prender a franja toda com um elástico enorme, fazendo um rabinho pequeno. E então cortei na altura que queria.

Ficou um pouco torto quando eu penteei de novo, mas tudo bem. Enquanto secava, entrei no Instagram e — pesadelo! — comecei a ver os comentários das pessoas falando "Sua louca, você não pode cortar a franja com o cabelo molhado, ela vai encolher quando secar!". Bateu um pouco de desespero. Pensei: "Meu Deus! Nunca mais vou secar o cabelo pra não ver isso!". Tomei banho e fiquei penteando a franja para baixo, falando "Deeeeesce mais um pouquinho, pfv!". Claro que ela secou e encolheu. Quando minha mãe chegou em casa e me viu, ela disse, bem fofa: "Nossa, você tá ridícula, Maria Júlia". E a única coisa que eu conseguia pensar era que, se a minha própria mãe tinha falado aquilo, imagina o que os outros iam falar (porque realmente devia estar uma merda)!

Vida que segue. Eu me acostumei rápido e agora gosto da minha franja mais curta. Na verdade, ela cresce bem rápido, e eu já tive que cortar muitas vezes desde então, quase toda semana. Quero deixar o cabelo crescer e continuar com a franja, mas posso mudar de ideia também. Nunca se sabe. E aprendi uma lição: não é legal descobrir que fez uma cagada no cabelo lendo 10 mil comentários no Instagram. Mentira, a lição é: cortar a sua franja em casa pode dar muuuito errado. Aprendam comigo.

O jeito certo de cortar a franja é sem molhar (pelo amor de Deus!!!!!!!!). Depois de pentear certinho para a frente, corte aos pouquinhos com uma tesoura própria para cabelo (óbvio que eu cortei com uma tesoura qualquer, sem ponta, da escola). Com a tesoura em pé, vá cortando os pedacinhos dela e igualando. Mas bem aos pouquinhos, pedacinho por pedacinho de cabelo, para não se arrepender. O melhor é procurar um profissional que corte seu cabelo, claro, mas a gente nem sempre gosta de simplificar, né? E não se desespere se você fizer uma cagada no cabelo em casa. Outra dica, a melhor: Aceita! Cabelo cresce! Muitas vezes demora uma vida, mas ele cresce! E, em todo caso, existe aplique, mega-hair, grampo, dá para cortar curto ou raspar tudo. Acho lindo.

maquiagem

Antes eu dormia de maquiagem e nem ligava. Passava um demaquilante bem ruim, que não funcionava direito, e ficava uma semana com rímel à prova d'água. Meus cílios caíam, quebravam. Bem louca. Hoje posso estar com o maior sono do mundo, mas todo dia tiro a maquiagem. Descobri que não tirar dá espinha. Tiro a maquiagem e uso um sabonete antiacne recomendado por um dermatologista (me consultei com ele na época em que minha testa parecia um Chokito de tanta espinha). Lavo o rosto com esse sabonete duas vezes por dia, sempre com água fria, e passo creme com protetor solar de manhã. Enfim, me cuido fazendo essas coisas simples, mas que dão muita diferença. O cabelo eu só lavo com água morna, para não ficar oleoso. Adoro produtos para pele, hidratantes, máscaras para o rosto. Espirro vitamina C no rosto antes de passar o primer de manhã. Antes eu passava base diariamente porque não curtia as minhas sardas, mas agora aprendi a gostar delas. Passo corretivo nas olheiras e blush (sempre ando com o blush na bolsa!).

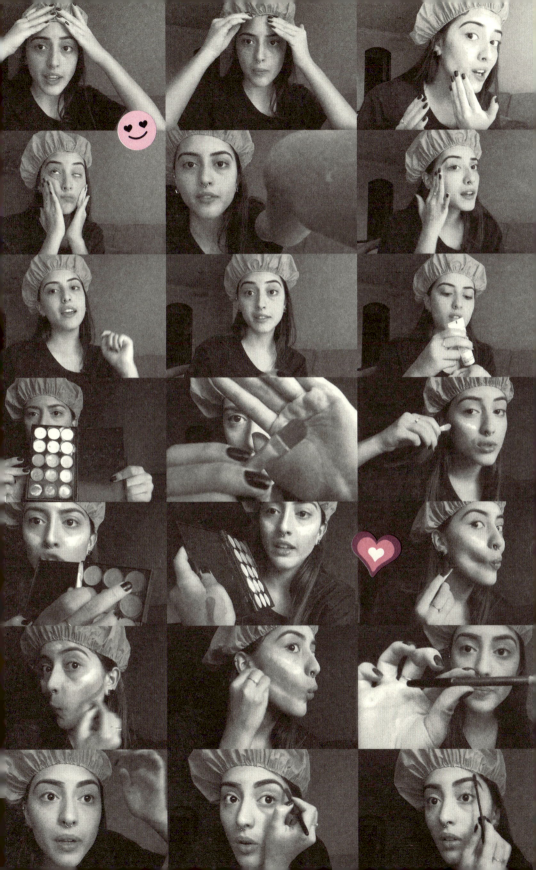

Hoje em dia eu gosto do efeito "cara lavada", meio sem maquiagem. Claro, com corretivo e blush, como já falei, e um pouco de rímel também. Afinal, maquiagem "cara lavada" também leva vários produtos. Antes eu usava bem mais maquiagem, tipo batom vinho e delineador (sempre!). Dei um tempo do batom. Delineador continua sendo a minha maquiagem de sempre, porque, na verdade, é a que eu sei fazer. Foram muitos anos de testes até aprender. Eu costumava fazer o risco com lápis preto em cima e embaixo do olho, mas fui aprendendo a passar o delineador fino certinho só em cima. Hoje tenho várias técnicas. Meu tipo preferido de delineador é aquele em caneta, que tem a ponta bem fininha. Puxo um risco a partir do fim do meu olho em direção ao final da minha sobrancelha — o "rabinho" do delineador. Depois é só preencher todo o resto.

Fica bom no meu olho por causa do formato dele, mas nem sempre dá certo quando minhas amigas pedem para eu fazer nelas. Só sei passar delineador no meu próprio olho. Cada pessoa possui um formato de olho, e não tem jeito, precisa tentar até descobrir a melhor técnica. Antes eu passava só o delineador em cima, sem nada. Agora que já estou "profissional", passo uma sombrinha marrom marcando o côncavo. Percebi que fica mais legal. Aprendi no YouTube, pesquisando tutoriais de maquiagem.

Acho que delineador é uma maquiagem que deixa as pessoas bonitas. Fica legal em todo mundo e também é uma das mais fáceis e rápidas. Mesmo se você estiver com a cara lavada, é só fazer um delineado que tudo muda na hora. Dá para usar esse make em praticamente

todos os momentos da vida. E é tão fácil que quando vejo alguém com olho delineado sempre penso: "Olha lá, ela só sabe fazer essa maquiagem, tipo eu!", hahaha. Mas é sério, funciona mesmo, galera, podem testar!

internets

A primeira vez que eu peguei uma câmera para me filmar era aquela velha da minha avó, com uma minitelinha (já falei dela aqui, lembra?). Só que eu não podia mexer no computador. Só se fosse para pesquisas da escola. Então eu acabava pegando escondido, gravava conversas entre mim e meus amigos, editava e postava. Aprendi a editar no Movie Maker, fuçando. Os vídeos eram beeeem toscos. A maioria só com meus amigos mesmo, a gente se divertindo, um maquiando o outro. Já fiz até um vídeo com um tutorial para depilar o bigode. Alguns vídeos eu perdi. Nessa época, tinha muitos amigos no Facebook e divulgava por lá — meus vídeos tinham uns quinhentos views, mais ou menos.

Uma vez fiz um vídeo falando de coisas que eu odiava, tipo feijão, e tive mais de mil views. Eu nem acreditava. O pessoal da minha escola falava "Nossa, adorei, faz mais vídeos!". Mas acabou que nem fiz mais. Desativei o Ask.fm e parei com tudo. Quando ganhei um iPhone 4, dava para fazer vídeos bons. Decidi ir para o Vine. Eu tinha catorze anos e criei uma conta para postar coisas aleatórias, tipo eu fazendo careta, com minhas amigas. Ninguém curtia nada que eu postava no começo. Esqueci a senha da primeira conta do Vine e acabei criando outra, e foi com ela que comecei a ganhar seguidores. A galera começou a gostar e a dar revine nos meus vídeos, que em geral eram sobre o dia a dia, fazendo piadinhas etc. O Vine começou a ter muitas visualizações e a fazer sucesso. Criei um Snap, os seguidores do Vine foram migrando para o meu Insta, e tudo foi acontecendo.

Percebi que estava com vários seguidores nas redes sociais quando as pessoas começaram a ir até a porta da casa do meu pai perguntar por mim e pedir para tirar foto. Uma vez, no Guarujá, umas meninas descobriram em que hotel eu estava e foram lá. Foi a primeira vez que pediram para tirar foto comigo. Naquela época, uma loja tinha me mandado um xampu para eu fazer propaganda. Eu tinha quinze anos e 30 mil seguidores. E fiz mesmo a propaganda: lavei o cabelo com o xampu, sequei e tirei uma foto segurando o produto. Eu podia comprar o xampu, mas achei o máximo fazer uma propaganda. Quando as meninas do Guarujá chegaram para pedir a primeira foto, me falaram: "Compramos o xampu que você recomendou".

No final de 2014, meu Instagram bateu duzentos mil seguidores. Fiz até um vídeo comemorando. Duzentas mil pessoas é mais gente que a minha cidade inteira: Catanduva tem 130 mil habitantes! Foi bem legal esse começo. Lembro quando saí numa revista teen pela primeira vez. Minha avó ficou superfeliz e me ligou, a família toda sal-

vando aquelas fotos. Quando você fica conhecida nas redes sociais, seja Instagram, YouTube, Snapchat, Vine ou Twitter, pode trabalhar usando isso. Você vira um *digital influencer*. É um trabalho bem diferente da maioria dos empregos, porque você não vai ao escritório todo dia. Em vez disso, tem que fazer posts, ir a eventos, gravar propaganda e fazer foto a qualquer hora, qualquer dia, sem nenhuma rotina. Acredito que eu tenha encontrado o meu trabalho ideal, porque, como boa geminiana, odeio rotinas.

Por trás de um influenciador geralmente existe uma agência inteira que cuida dos trabalhos que ele fecha com marcas para fazer propaganda e criar conteúdo. No meu caso, existe também outra agência para cuidar dos meus trabalhos como modelo.

Quando uma marca liga e fala "Quero contratar a Maju para ela fazer foto/ vídeo/ Snap/ tweet", minha agência me liga para saber se gosto da marca e se estou a fim de fazer aquilo. E aí a gente tenta bolar um jeito que tenha a ver comigo e com a minha linguagem — precisa ser bom para a marca e legal para quem me segue. Isso é o mais importante, porque sei que as pessoas que me seguem vão gostar do que for mais natural e verdadeiro possível. Senão não adianta nada para ninguém.

É muito parecido com o que as pessoas gostam de ver no YouTube: querem que os youtubers falem a verdade, que realmente *gostem* do que falam. Todo mundo percebe quando é real, e sempre fica muito mais legal desse jeito. Meu canal no YouTube está lá desde 2011. Nos últimos tempos até postei mais vídeos, mas não era um compromisso. Principalmente por causa dos trabalhos e da escola, quase não tinha tempo de postar, mas agora voltei a fazer isso. Uhu! Está sendo abastecido. Montei um cenário na sala de casa e meu amigo Junior, que trabalha com isso, está me ajudando. :) Mesmo assim as pessoas me perguntam como faz para o canal crescer, para os vídeos terem vários views etc. Aqui estão as minhas dicas (pelo menos funcionam para mim):

Você pode usar qualquer câmera para gravar um vídeo para o YouTube. Pode ser do celular, por exemplo. Conheço várias pessoas que fazem com o iPhone, editam nele mesmo e postam. Não precisa de iluminação profissional ou cenário, a não ser que você goste muito e queira deixar seu canal mais arrumadinho. Os canais que eu prefiro são aqueles em que a pessoa coloca a câmera em qualquer lugar e fala. Nada forçado, nem muito editado.

Acho que dá certo quando a galera que te acompanha vê que você é igual a eles. Que tem a casa bagunçada e leva uma vida parecida. É legal ver as pessoas falando sobre coisas pelas quais todo mundo passa. Mas atenção: existem as técnicas da legenda e da thumb. A primeira é não colo-

car nomes óbvios nos vídeos. Se meu vídeo sobre piercing chamasse "Piercing", só quem se interessa pelo assunto iria assistir. Mas coloquei "SERÁ QUE VOU PRO INFERNO?", e aí todo mundo viu para saber por que eu estava perguntando isso. Precisa ser um nome criativo e inusitado, que faça a pessoa querer ver sobre o que aquele vídeo fala. Ah, e tem que ser pouco tempo de vídeo também, tipo cinco minutos, no máximo, ou até menos. Quando o vídeo é rápido, a galera fica pedindo mais, querendo outro.

Sou péssima na edição. Corto e coloco umas coisas em preto e branco, escrevo algumas coisas. Só isso, bem básico. Hoje em dia gravo com uma Canon que comprei só para fazer vídeo, mas não uso luz especial, por exemplo. Fico perto de uma janela para pegar a luz do sol, mesma dica que dei para tirar selfies. Acho que ter um microfone, uma luz boa (para quando não tem sol) e um tripé também ajuda. E postar sempre no canal, seguindo uma rotina, é importante se você quer ser youtuber profissional. ;)

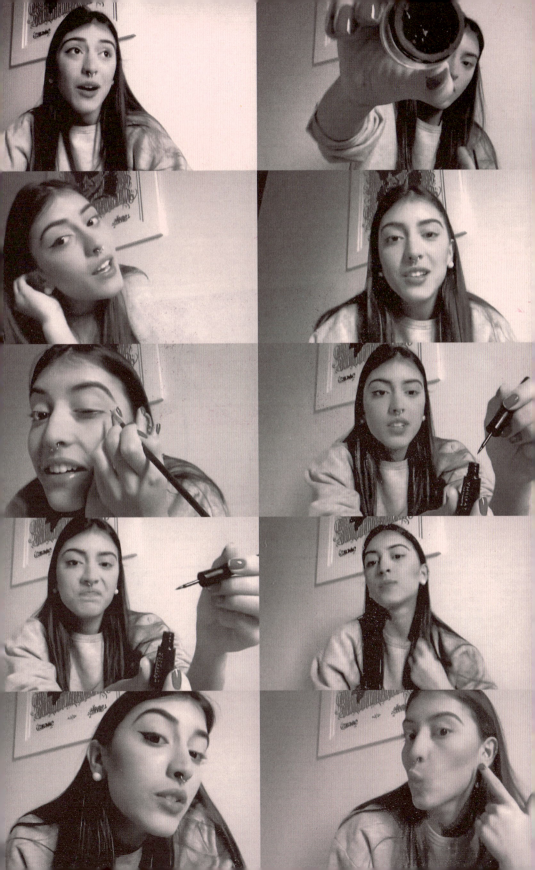

primeiras viagens internacionais

Minhas duas primeiras viagens internacionais foram para lugares muito opostos, Estados Unidos e Bolívia. As diferenças entre os dois são infinitas, mas foi muito legal conhecer os dois, porque eu amo viajar. A primeira foi em agosto de 2015. Uma marca de refrigerante me contratou e me mandou para Nova York para cobrir o evento de estreia do filme *Quarteto Fantástico*. Fui com meu pai e fiquei só três dias, mas aproveitei cada segundo. Cheguei na segunda de manhã, dormi um pouquinho e fiquei curtindo até o último momento da quarta-feira à noite, quando a gente voltou para o Brasil. O hotel ficava perto da Times Square, e por perto tinha padarias incríveis, farmácias, restaurantes e lojas. Tudo bem do lado. Eu andava vinte quilômetros por dia para conseguir fazer e ver tudo. Toda vez que via um carrinho bonitinho de sorvete eu comprava um e era a maior alegria. O dólar já estava caro, mais de três reais, mas comprei presente para todo mundo: perfume, bota (tive até que comprar outra mala para trazer tudo).

Eu não queria dormir e, quando isso finalmente acontecia, eu acordava muito cedo no dia seguinte. A estreia

do filme foi no Brooklyn, que eu achei muito lindo — me lembra do seriado *Todo Mundo Odeia o Chris*, então amei. Quando a gente cansava de andar e já tinha jantado em algum restaurante delicioso, que servia refil de refrigerante, salada, de tudo, eu ficava na farmácia 24 horas do lado do hotel. Pegava um carrinho e lotava de produtos. Como eu amo as farmácias americanas! Que saudade. Nunca imaginei que eu iria para NY, pelo menos não tão cedo. Nem conseguia dormir antes da viagem. Na hora de ir embora, fiquei triste, mas foi demais poder conhecer NY tão nova, mesmo que tão rápido. Logo vou voltar.

Depois de Nova York, fui para a minha segunda viagem internacional, na Bolívia, em dezembro de 2015. Fui sozinha encontrar minha família, porque meu tio mora lá e ia se formar na faculdade. Cheguei como todo brasileiro: achando que eu sabia falar espanhol. "Nossa, meu espanhol é superintermediário". E claro que eu não sabia falar nada. No avião já não entendia o que as pessoas me diziam quando tentavam trocar de lugar comigo. A maior confusão. Mas o melhor foi o mico que eu paguei entrando no país, quando uma mulher que trabalha no aeroporto abriu minha mala para revistar e derrubou tudo. Eu soltei um "Opa!", ela fez a maior cara de brava e me mandou ir andando logo. Mais tarde meu tio me disse que falar "opa" para alguém na Bolívia é tipo chamar de idiota. E eu jamais saberia disso se ele não me contasse. Hahaha.

Gracias, gracias! Era basicamente só isso que eu sabia falar (além de ofender as pessoas sem querer chamando elas de idiotas!). O wi-fi da Bolívia me deixava louca, quase

não funciona em lugar nenhum. No prédio em que meu tio mora existe uma rede só para todo mundo chamada "Luciane". Nunca que aquela Luciane funcionava, e meu sonho era achar a casa dela e pedir para ela reiniciar o roteador e ajudar a gente. Até que um dia descobri que a "Luciane" não existia, era só o nome de um wi-fi do prédio. (Fica a dica para quem quiser dar um nome carinhoso para o wi-fi: #luciane.)

Fico pensando nas minhas próximas viagens. Afinal, vou fazer dezoito anos e poder viajar quando eu quiser. (Tá, quando os meus pais deixarem, kkkk.) Nova York é a primeira da lista, porque quero ficar por mais tempo e conhecer melhor. Mas tenho outros planos:

- Austrália, porque as praias devem ser lindas e quero ver cangurus.
- Japão deve ser demais! Imagina que incrível.
- Um deserto, para tirar fotos bem lindas.
- Algum país da África, para fazer trabalho social com crianças.
- Maldivas, que vi numas fotos no Instagram e desde então eu sempre penso que pre-ci-so ir para esse lugar.

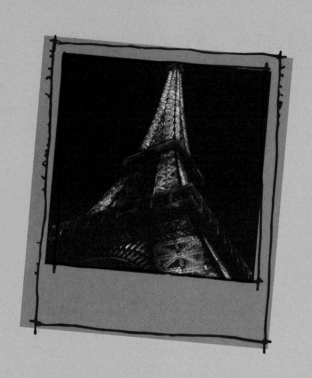

carta de paris

Antes de tudo preciso dizer: quero casar em Paris. Nunca imaginei que um dia visitaria essa cidade. Na verdade, já pensei nisso, sim, mas me imaginava passeando por lá com trinta anos, depois de ter guardado dinheiro por quinze anos. Estou escrevendo sobre a minha viagem sentada no aeroporto de Paris, esperando para voltar para casa, em Catanduva. Fiquei só dois dias na cidade, um bate e volta, mas foram 48 horas incríveis sobre as quais eu precisava escrever!

Vim a trabalho para a França, algo que nunca esteve nos meus planos. Nossa, foi incrível! Não posso dar muitos detalhes do trabalho porque ainda é segredo enquanto escrevo este livro, mas vou contar um pouco das coisas que fiz. Cheguei a Paris e fui direto para o meu hotel guardar a mala. O carro já me esperava para ir a um salão (que é bem famoso e eu nem sabia) pintar o cabelo. Sim, pintar o cabelo. A coisa que eu mais tinha medo de fazer. Mas eu estava indo participar de uma campanha em outro país com pessoas muito legais e isso jamais aconteceria de novo. Todo o

medo que tinha de mudar a cor do cabelo eu perdi ali, sentada na cadeira do atelier do cabeleireiro francês mais querido pelas celebridades.

As únicas coisas que eu sabia falar em francês eram "*bonjour*" e "*merci*", "bom dia" e "obrigada". Meu inglês é aquele famoso "entendo tudo, mas na hora de falar me enrolo". Meu pai também não sabe falar nada em inglês e é a segunda vez que a gente viaja junto para fora do país. Sempre vamos embora dizendo "Vamos voltar a fazer curso de inglês". É sempre engraçado se virar dando uns truques e falando umas coisas malucas, mas o inglês é essencial. Ainda mais agora que está acontecendo tudo isso na minha vida...

Nesse primeiro dia, depois de pintar o cabelo, fiquei andando com o meu pai por algumas ruas cheias de lojas, bares e gente bonita. Conseguimos um tempo à noite para subir na Torre Eiffel. Não podia voltar para casa sem conhecer Paris de cima. Estava cheia de turistas. Quando você sobe na torre, tem a opção de escolher entre ir até a metade ou até o topo. Obviamente escolhi subir até o topo. :) É muito alto, muito alto mesmo. Subimos de elevador e paramos em umas lojinhas que vendiam uns souvenirs e aqueles bonés escritos "I love Paris". Roupa de turista, igual a qualquer outra cidade do mundo (inclusive eu tinha um "I love Praia Grande" que não sei onde foi parar, hahaha). O euro estava bem alto — ou seja, família sem presentes. Mas deu para comprar um chocolatinho de lembrança. Quando chegamos ao topo estava um frio bizarro. Ficamos cinco minutos e descemos, mas foi tipo "uou, que dia!".

Acordei no outro dia bem cedo e fui tomar café junto com meu pai. Comi quase tudo o que tinha no hotel, porque não é todo dia que a gente toma café da manhã na França. Depois do café, pegamos as malas e fomos até o estúdio para começar as fotos. Queria só repetir aqui de novo que, quando comecei a fazer meus trabalhos como modelo, eu tinha muita vergonha das pessoas e de me soltar. Esperava ficar nervosa por ser um baita trabalho importante em Paris, mas foi muito mais fácil do que eu pensava.

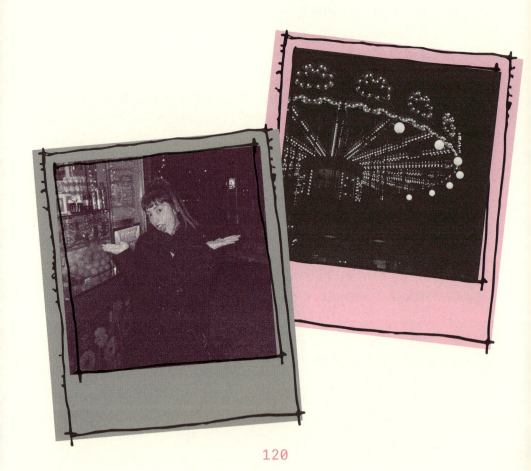

Enquanto fotografava com quinze pessoas de plateia, os franceses soltavam vários *"oh là là, jolie"*, "linda, bonita", e isso me ajudou mais ainda por saber que eu estava agradando. Achei incrível conhecer aquela equipe. Poderia ter me conectado mais com eles se meu inglês fosse melhor ou se eu soubesse falar alguma coisa além de *"bonjour"*, mas as pessoas foram um amor. Pacientes e atenciosas em tudo. E estou até pensando em deixar meu cabelo do jeito que está, meio ruivo, meio cor-que-não-sei-decifrar.

Depois do fim das fotos, sobrou pouco tempo, porque precisávamos ir para o aeroporto. Mas consegui passar em uma loja que é tipo um shopping, mas de lojas chiques, tipo Chanel e Gucci. Queria muito ter ficado mais dias e conhecer mais. Queria ir a um museu e conhecer a Catedral de Notre-Dame, porque eu gostava muito do desenho do *Corcunda de Notre-Dame* quando era pequena. Fiquei triste na hora de ir embora porque fiquei pouquinho e só trabalhei nesse tempo. Paris não é como eu imaginava. Só tinha visto fotos na internet e imagens em filmes e na TV. Os prédios são mais lindos, as pessoas também, e as lojas são muito mais legais do que eu pensava. Paris é muito mais bonita pessoalmente. <3

Merci, Paris!

beijinhos olímpicos

Jamais imaginei que um dia fosse para a Suíça, como também nunca pensei que fosse para Paris ou para NY. Recebi um convite da organização da Rio-2016 para acompanhar algumas pessoas e ir para a Suíça buscar a tocha olímpica. Uou! Detalhe: recebi o convite cinco dias antes da viagem e fiquei muito feliz por ser uma das poucas convidadas a ir.

Partimos do Rio de Janeiro em um domingo junto com umas oitenta pessoas, outros influenciadores digitais e jornalistas. Era um avião "só nosso" e era a primeira vez que ele seria pilotado. UOU de novo. Teve toda uma cerimônia para o batizado do avião, que estava bem vazio. Conseguimos pegar três assentos livres cada e, nossa, melhor que primeira classe. Fui deitada com as pernas esticadas. Dormi no Brasil e acordei na Suíça — literalmente. Chegamos a Genebra na manhã de segunda-feira e de lá fomos direto para um ônibus. Parecia excursão de escola (risos). Depois de uma hora e pouco de estrada descemos em Lausanne, em um centro esportivo onde tinha alguns atletas correndo e fazendo outras atividades físicas.

A melhor parte foi a do banho, em um vestiário feminino. Estava um frio bizarro, mesmo com aquecedor ligado. Fui uma das últimas a tomar banho, e a gente tinha pouquíssimo tempo. Pensei mil vezes em não lavar o cabelo, mas lembrei que no outro dia eu só chegaria à tarde no Brasil. Eu me conheço e sei que ficaria irritada com o cabelo sujo. Lavei mesmo com o frio e consegui secar a franja com um único secadorzinho que estava preso na porta. Passei um corretivo e rímel para ficar mais arrumadinha. Saímos do centro esportivo e fomos para o Museu Olímpico, onde almoçamos, e depois demos uma volta pelo lugar, que é incrivelmente incrível. Eu nunca tinha entrado em um museu, e a minha primeira vez foi na Suíça. Fina.

Todos estavam indo para o jardim do lado de fora, onde ficava a famosa chama que tínhamos ido buscar. O pessoal da organização veio até mim dizendo "Maju, o Bach quer conhecer você". E eu pensei "Mas, gente, quem é Bach?". "É o presidente do Comitê Olímpico Internacional, Thomas Bach", explicaram, e continuei não sabendo quem era. Fui levada até ele, a imprensa toda estava em cima. Ele veio até mim, me cumprimentou e disse várias coisas em inglês. Eu fiquei "SOCORRO, JESUS, ME DÊ O DOM DO ENTENDIMENTO PARA ENTENDER O QUE ELE ESTÁ DIZENDO". Não deu, né, mas tamo aí.

Pedi ajuda para o moço da organização que estava junto comigo. Primeiro, Bach disse que era um prazer me conhecer e em seguida perguntou "Como tudo isso começou?". Respondi que tudo tinha sido uma brincadeira, que sempre gostei de gravar vídeos e tirar fotos. A outra pergunta foi "Qual é o segredo do sucesso?". Juro que fiquei uns quarenta segundos pensando. "Socorro, qual é o segredo, que eu também não sei?" Cansei de deixá--lo esperando e respondi "Não tem segredo, ou, se existe algum, eu ainda não sei". Ele segurou a minha mão e disse "Talvez o segredo seja esse, as coisas naturais e espontâneas são as que dão mais certo". Ele é todo fofinho, quase apertei a bochecha dele. Mas como havia umas cinquenta câmeras filmando, só fiz "Own" e uma carinha que sei lá como saiu.

    Agradeci e saí andando para terminar de conhecer a parte de fora do museu. Mas a galera me chamou de novo, "Ei, Maju, volta aqui". Eu me virei e ele segurava uma caixinha com uma réplica dos aros olímpicos. Era um presente. Fiquei muito feliz e de novo quis abraçá-lo por ter sido tão fofo comigo, mas me contive e agradeci muito. Enquanto a gente tirava algumas fotos, eu não me controlei: fechei os olhos e fiquei soltando vários beijinhos (estou rindo escrevendo isso porque foi muito idiota, eu nem sabia que o Bach era alemão e eles não dão beijinhos). Mas acabou que ele me devolveu os beijinhos! Saímos do museu e fomos direto para o aeroporto para voltar para o Brasil. Um bate e volta louco, menos de doze horas na Suíça, mas foi tempo suficiente para eu nunca esquecer e me alegrar em contar isso para os meus filhos.

tattoos e piercings

Sempre gostei de tatuagem. Desenhava várias com canetinha no braço durante a aula. Quando chegava em casa, minha avó me esfregava com bucha até sair tudo. Aí eu me enchia de tatuagens de chiclete. Meus avós esfregavam álcool em mim para tirar. Achavam um absurdo, mesmo sendo de mentirinha.

Eu queria muito fazer uma tatuagem. Quando tinha quinze anos, pedi para o meu pai e ele deixou. Eu disse que seria pequena e só assim o convenci, e ele foi comigo ao tatuador. Nós pesquisamos juntos qual seria o desenho: a palavra *"freedom"* ("liberdade", em inglês) no pulso. Não sei direito por que escolhi essa palavra, nem lembro. Só sei que na época eu queria que fizesse sentido para mim e fez. Meu pai ficou me zoando, dizendo que eu não tinha liberdade nenhuma porque era muito nova, mas saí de lá com a minha primeira tattoo.

A segunda foi na nuca, em 2015. Decidi fazer, mandei a foto para o tatuador e meu pai me levou, de novo. São duas mãozinhas juntas que peguei do álbum do Drake (o homem que eu amo). Decidi fazer na nuca porque era meio escondido. Não tenho medo de tatuagem. Arde e dói um pouco, mas eu gosto da sensação daquele momento. Um tempo atrás escrevi no Twitter que meu plano é fechar os dois braços com tatuagens e as pessoas começaram a me escrever desesperadas dizendo para eu não fazer isso. Talvez eu faça só um, talvez os dois. Eu gosto.

Minha terceira tatuagem foi uma borboleta no braço, feita pelo meu amigo Pedro. Foi muito especial, porque ele era meu amigo virtual fazia dois anos, e na primeira vez que a gente se viu ele já me tatuou. Jamais esquecerei isso. Ele veio me ver, ficamos pesquisando ideias no Pinterest e, como ele desenha superbem, fez essa borboleta para mim. Decidi tatuar na parte de trás do braço (mas só porque eu não fazia ideia do quanto doía nesse lugar).

A quarta tatuagem foi um "Yeah baby!" no braço também. Tem um cantor de hip-hop gringo que eu adoro e que solta esse "Yeah baby" no começo de todas as músicas. Cheguei ao estúdio de tatuagem e falei "Quero tatuar isso". Foi muito rápido e acabei decidindo fazer mais uma para aproveitar a viagem: uma florzinha bem "inha" perto da orelha. Eu queria uma coisa maior, mas ia ficar muito agressivo. Eu gosto das minhas tatuagens e não vejo a hora de fazer mais um monte. Mas atenção: essas são as tatuagens que fiz enquanto escrevia este livro. Talvez, quando ele sair, eu já tenha várias novas. Hahaha.

Sempre me perguntam como convencer os pais a deixar fazer uma tatuagem quando você é menor de idade, mas não sei como ajudar. No meu caso, os dois são de

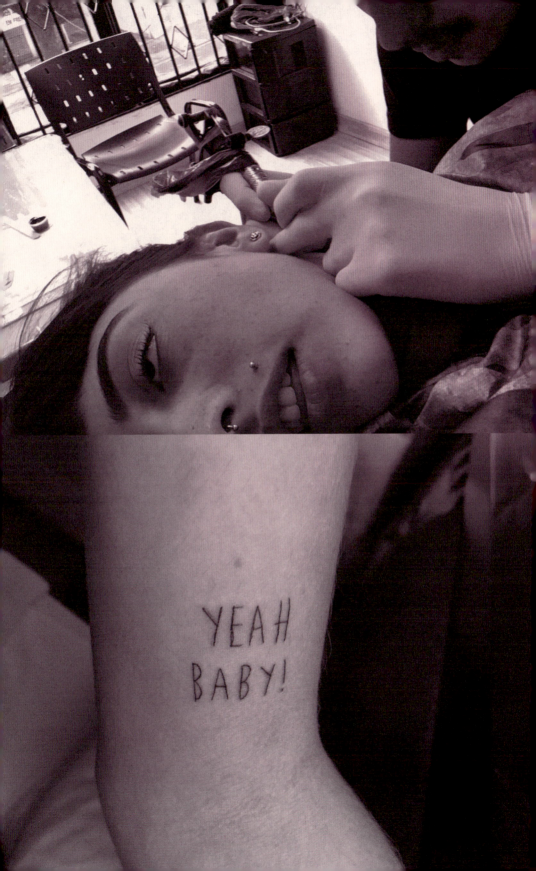

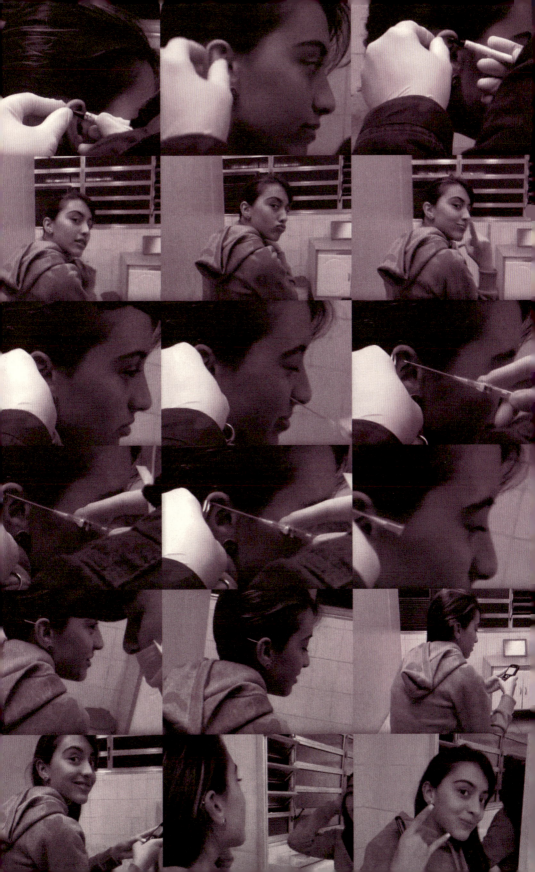

boa e têm tatuagem. Isso depende bastante da cabeça dos seus pais. Piercings também tenho vários. O primeiro coloquei com treze anos. Com muito custo consegui convencer meu avô a deixar, porque eu ainda morava com eles. Não podia falar que era piercing, então perguntei se podia colocar um "brinco na orelha" (risos). Depois que o plano deu certo, meu tio me autorizou e assinou o papel. Foi na cartilagem da orelha. Até fiz um vídeo desse dia de tanta emoção. Por um tempo usei um piercing de pressão no nariz, mas doía muito de tão apertado. Decidi furar o nariz do outro lado (não aquele que eu machuquei furando sozinha e ficou imprestável para sempre). Depois pedi para a minha mãe para furar o freio da língua e ela deixou. Fiquei com ele até ano passado, mas minha dentista disse que fazia mal para a saúde, então fui ao consultório tirar. Aí fiz um no smile, aquele lugar entre o freio superior da boca e os dentes, mas durou só dois meses e depois rasgou.

Decidi que queria outro e furei o septo. Outro dia, estava no estúdio com meu pai porque ele ia tatuar e fiquei entediada. Entrei no Google, pesquisei "lugares para colocar piercing" e escolhi colocar um no trágus, na orelha. O último que coloquei foi o Monroe, em cima da boca. Sempre quis, desde pequena. Esse furo não doeu nada, mas eu nem ligo para a dor, vou lá e furo. Às vezes me dá até saudade da dor dos furos de piercing.

Toda vez que faço um piercing eu falo "Ah parei!". Mas não é verdade: sempre acabo fazendo outro. O piercing do septo virou meio que minha marca. Quando canso e coloco ele para dentro, as pessoas perguntam "Maju, o que aconteceu com você?". Aliás, até ando com alguns piercings na bolsa. Vai que eu preciso furar um novo no meio da tarde? Melhor ter, né? Mas sosseguei um pouco, e sempre que quiser posso tirar todos. Essa, aliás, é a melhor forma de convencer os pais: diz que, se enjoar, você tira tudo e não fica nenhuma marca. Bem mais tranquilo que tatuagem, por exemplo.

bv

Perdi o bv por pura pressão. Se não fosse por isso, pode acreditar que eu seria bv até hoje. Eu tinha doze anos e gostava de um menino que era o Justin Bieberzinho do colégio. Todo mundo gostava dele, e eu também, óbvio. Era muito apaixonada! Eu usava óculos, tênis de mola e calça larga. Além disso, também tinha umas luzes horrorosas. Vamos dizer que eu era horrível, sério. Gostava muito desse menino, mas não falava isso para ele de jeito nenhum. Minhas amigas se achavam as adultas. Todas já tinham perdido o bv. A maioria delas já tinha peito e eu não tinha nada. Usava um sutiã de bojo para disfarçar.

    Ele chegava perto de mim, mas eu ficava apavorada e minhas amigas diziam "Maju, para de ser criança!". Detalhe: eu tinha doze anos, e parar de ser criança naquela época era um pouco difícil, né, queridas? Um dia ele pegou na minha mão na saída da escola e me levou para a esquina, que era um lugar a que todo mundo ia quando queria "dar uns beijo". Eu comecei a tremer e pensei "Meu Deus, e agora, como eu faço?". Não sabia nem o que fazer ou como beijar alguém. Ele estava com um óculos Ray-Ban e um boné para trás, e eu segurando um fichário e olhando para baixo. Ele veio me dar um beijo e colocou a língua dentro da minha boca. Depois de sete segundos eu o empurrei e limpei os lábios. Quando olhei para trás, toda a galera da minha sala estava olhando e filmando com o celular. Eles espalharam esse vídeo por Bluetooth para todo mundo. Era um vídeo rápido e escroto em que eu limpava minha boca. Que horror! Mas tudo bem, porque eu só queria poder falar que tinha perdido o BV, então todo mundo passou a saber.

Depois coloquei o nome dele no meu nick do MSN e falava que queria namorar com ele. Mas nunca ficamos ou nos beijamos de novo. Ele também nunca mais falou nada comigo, e logo eu desencanei, pois sou ~geminiana~.

Perder o BV é muito estranho. Você realmente não sabe o que faz, é terrível, mas tem que ir em frente mesmo e perder o medo. Depois da décima pessoa que você beija já fica mais de boas. Um dia você pode até contar a história. (Inclusive beijo para você, viu, Justin Bieberzinho!)

cinema

Minha estreia no cinema vai acontecer ainda em 2016. Recebi o convite para participar do filme *Os penetras 2*, do Andrucha Waddington, com outros youtubers. Não teve ensaio. Nós chegamos no dia da filmagem e tínhamos poucas frases para decorar. A cena era em um hospício e os loucos faziam um teatrinho. Minha personagem é uma crente, mas digamos que nem tão crente assim, porque eu estava cheia de piercings. Ela andava com uma bolsinha e uma Bíblia, que teria que abrir no meio da cena do teatro e ler. Eram duas falas bem minúsculas, mas eu estava supernervosa, afinal tinha umas cem pessoas dentro do lugar da filmagem. Só que na hora o roteiro mudou inteiro e acabei não tendo que falar nada. Fiquei feliz por causa do meu nervosismo, que ninguém mais ia perceber. No teatrinho eu interpretava uma árvore, então no final minha participação foi ser uma árvore que não fala nada. Espero ser uma boa árvore quando as pessoas estiverem no cinema e virem isso.

Cinema é uma coisa superdemorada de fazer. Cheguei às sete da manhã e gravamos até as sete da noite essa cena que vai aparecer por no máximo dois minutos, talvez segundos. Ela foi gravada milhões de vezes, cada hora de um ângulo. Trocava a câmera, aí filmava mais de perto. Depois filmava de um outro lugar mais longe, e a árvore lá, apenas "atuando", hahaha. Na hora vi que cansava muito. Queria ir para casa e dormir, mas é muito legal e chique participar de um filme, e não vejo a hora de me ver no cinema. Quem sabe não posso ser atriz um dia. Se você precisar de uma árvore no seu filme ou novela, pode me chamar, o.k.?

belieber

Posso dizer que me tornei uma belieber fanática em 2009.
    Eu tinha onze anos quando comecei a gostar do Justin. Na época do Orkut, eu postava os vídeos do Kidrauhl, que era o nome do canal dele, um apelido que ele usava antes de ser famoso. Um dia minha prima me ligou dizendo "Assiste o clipe de 'One Time', do Justin". Eu procurava na internet achando que era o Timberlake, mas era o Bieber, e, enfim, nem preciso dizer que comecei a amá-lo na hora.
    Sabia todas as letras, tinha um caderno cheio de fotos dele, pôsteres no meu quarto. Ganhei um ovo de Páscoa dele, que veio com um colar escrito "JB" (tenho até hoje!), e até criei um fã-clube no Twitter. Desenhava no braço um pássaro imitando a tatuagem dele e ficava louca se alguém da minha sala falasse mal do Justin — porque era moda todos os meninos o odiarem, mas usavam o cabelo e as roupas iguais, viu? Várias pessoas já eram fãs e a gente fazia festa de aniversário para ele no dia primeiro de março, com bexigas e chapeuzinhos roxos, que é a cor preferida dele.

5 / 10 / 11

49 DAYS	32 DAYS	14 DAYS
48 DAYS	31 DAYS	13 DAYS
47 DAYS	30 DAYS	12 DAYS
46 DAYS	29 DAYS	11 DAYS
45 DAYS	28 DAYS	10 DAYS
44 DAYS	27 DAYS	9 DAYS
43 DAYS	26 DAYS	8 DAYS
42 DAYS	25 DAYS	7 DAYS
41 DAYS	24 DAYS	6 DAYS
40 DAYS	23 DAYS	5 DAYS
39 DAYS	22 DAYS	4 DAYS
38 DAYS	21 DAYS	3 DAYS
37 DAYS	19 DAYS	2 DAYS
36 DAYS	18 DAYS	
35 DAYS	17 DAYS	
34 DAYS	16 DAYS	
33 DAYS	15 DAYS	

05/10/11

Estou morrendo agora ta vindo o show do Bruns no Rio, e eu to acompanhando TUDO DAQUI

Sabado é a minha vez

#STAYSTRONG.

05 / 10 / 11

NEVER

SAY

NEVER

FOREVER !

I'm wwww

N
S
N

Quando o Justin veio para o Brasil em 2011, eu tinha treze anos e já era fã dele fazia tempo. Muito fã! Minha prima, que era minha parceira nesse amor, tinha começado a namorar e desistiu de ir ao show. Minha avó não queria de jeito nenhum me deixar ir sozinha porque eu era muito criança — aliás, eu e o Justin éramos pequenos nessa época. Eu me revoltei por esse show. Queria muito ir. Escrevia no Facebook que minha vida era uma merda, entre outras coisas bem sofridas. Batia a porta na cara dos meus avós e fazia o maior brigueiro em casa por causa disso. Minha família já estava começando a ficar preocupada comigo. Finalmente minha avó deixou, e fiquei tão feliz que mandei um recado para todos eles: escrevi *"Never say never"* na parede atrás da porta. Queria mostrar que você nunca deve dizer nunca para os seus sonhos (já dizia a própria música dele). Eu ia àquele show e era só porque tinha acreditado de verdade naquele sonho. A mensagem nunca saiu da parede; está lá até hoje.

Foi o primeiro show a que eu fui sozinha na vida. Cheguei lá com umas meninas do prédio, mas cada uma estava em um setor diferente. Fiz algumas amigas na fila e consegui ficar na grade. Fui tão amassada e empurrada naquela grade que choveu e eu nem consegui tirar a capa de chuva da mochila. Mas tudo bem, porque valia a pena. Cheguei lá às quatro da manhã e o show começou às oito da noite. Umas meninas da grade começaram a passar entre nós uma bandeira do Brasil para assinar e dar para o Justin. Eu estava tão esmagada que só consegui escrever um "M". Elas jogaram a bandeira no palco e ele apareceu usando no final do show. Nem acreditei que encostei na mesma bandeira que o Justin. Até hoje tenho a camiseta que eu fiz para ir ao show: com a frase *"I'm a belieber — Never say never"*, uma foto dele e lantejoulas. Melhor look.

Fiz um vídeo, que está lá no meu canal do YouTube, segurando o ingresso e falando que aquele tinha sido o melhor dia da minha vida. E até então tinha sido mesmo, porque consegui o que queria! Depois que cresci um pouco e fiz dezesseis anos, continuei gostando das músicas, mas não tive mais tempo para cuidar de fã-clube, essas coisas. Gosto do Justin até hoje e acho que está cada vez mais maravilhoso. Não imaginava que ele conseguiria ficar mais gato e incrível, gente. Ainda tenho esperança de conhecê--lo e trocar uma ideia. Ou talvez cair dura desmaiada do lado dele. Tanto faz, muito amor. Vontade de chorar sempre que vejo uma foto dele. Ai, meu coração!

♥

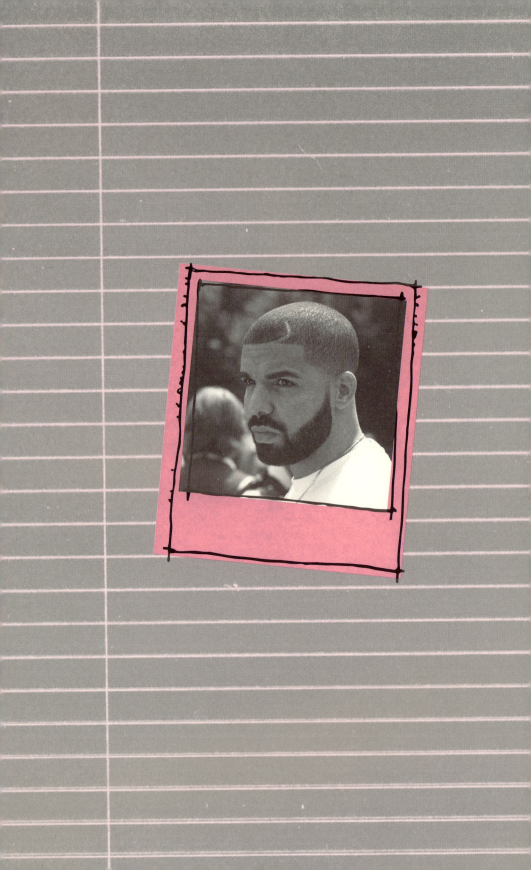

drake mozão

Durante algum tempo eu só escutei rock, mas, de três anos para cá, descobri que tenho uma alma negra. Amo hip-hop. Não sei bem o porquê disso, mas não consigo mais parar. Tenho vários rappers favoritos, mas o meu queridinho é o Drake. Inclusive meu sonho é assistir a um show dele, mas é um pouco difícil de esse tipo de artista vir ao Brasil. Ou seja, vou ter que ir a um show dele lá fora. MEU HOMEM.

antes e depois

Uma coisa que mudou na minha vida depois de ter ficado conhecida na internet foi a minha privacidade. Melhor, a falta de. Agora só tenho privacidade dentro de casa. Muitas vezes nem assim direito, porque as pessoas vão lá e tocam a campainha perguntando se eu estou. Mas quase nunca fico em casa, e essa também foi uma coisa que mudou. Antes eu chegava da escola e dormia a tarde toda. Agora eu nem sequer sei se vou poder ir para a escola ou se vou ter que sair de lá e ir direto trabalhar, sem tempo para almoçar.

Quando você trabalha com qualquer coisa que te faz ficar "conhecida", não existe mais a opção de acordar de mau humor e não querer que ninguém fale com você. Faz parte. Se pedem para tirar foto, você pode estar comendo, dançando e se divertindo muito em uma balada, ou triste e doente, não interessa. Eu me coloco muito no lugar de admiradora e entendo real as pessoas que chegam em mim. E, fora isso, é muito legal ver que as pessoas gostam de você. Quando na minha vida eu ia imaginar que isso aconteceria? Jamais negaria conversar com alguém ou tirar uma foto. <3

Fora a parte amor, existe outro tipo de falta de privacidade: as pessoas se meterem na minha vida e falarem o que bem entendem de mim sem nem me conhecer. Mas eu aprendi a não ligar para isso. No começo falavam mal de mim, me acusando de algo, de ser isso ou aquilo. Ficava dias supertriste, sem mexer no celular. Até que percebi que não faz diferença se uma pessoa me odeia ou não. Simplesmente acontece! Aprendi a lidar com isso.

Eu me vejo como uma pessoa comum. Algumas pessoas me veem como celebridade famosa da internet, mas não gosto quando me tratam como se eu fosse superior ou diferente dos outros. Gosto de ser tratada normalmente porque eu sou normal. Digamos que eu sou uma pessoa normal com uma vida que eu jamais imaginaria, em que coisas incríveis acontecem. Deus que me deu essa oportunidade. Mas, enquanto essas oportunidades vão acontecendo, continuo indo à escola, estudando, assistindo a séries, achando ruim acordar cedo, o mesmo que todo mundo. Com os meus problemas em casa e crises existenciais.

O que mudou muito na minha vida também foi trabalhar e ter meu dinheiro. Não é mais a minha família que me dá as coisas. Eu consigo ajudá-los, e não existe alegria maior que esta: poder retribuir tudo o que fizeram por mim desde sempre. Dar presentes para quem eu amo é o máximo. Levei todos para o Rio de Janeiro no Natal e foi a primeira vez que meus irmãos andaram de avião. Eles amaram conhecer as praias do Rio.

Anos atrás eu não podia comprar nada. Tinha uma blusa e era obrigada a usá-la para sempre. Hoje já posso comprar minhas roupas, os tênis de que eu gosto. É muito bom poder fazer isso. Antes minha avó esperava receber o décimo terceiro dela para me levar ao McDonald's. Poder ajudar minha família é maravilhoso. Viver isso é incrível.

~sk8~

Quando tinha uns treze anos, conheci uma turma que andava de longboard no condomínio da minha amiga, em Guarulhos. Resolvi comprar um e comecei a andar também. O long é tipo um skate, só que maior e mais leve. É mais fácil de andar e de virar, não precisa fazer muita força ou ter tanto equilíbrio como no skate.

    Eu tinha tentado andar de skate algumas vezes, mas não conseguia ficar firme em cima dele. Como Catanduva não tem muitas opções de coisas para fazer, um dia saí com meus amigos e decidimos andar de skate. Tem uma rua que reformaram e está bem lisinha, ótima para andar. Comecei a treinar lá e me animei muito. Outro dia fui com um amigo comprar peças para montar um skate para mim. Ele me ajudou a escolher tudo e depois a montar. Aprendi a andar um pouquinho, a subir no skate e remar, e agora fico treinando em casa o *ollie*, que é uma manobra mais "simples". Pratico em casa, na sala, porque se cair eu não me machuco tanto.

    A melhor forma de começar a andar de skate é pesquisar sobre algumas manobras e ter um skate bom. É ótimo ter alguém que te ensine e te ajude, para você não se machucar. Se você não tem nenhum amigo skatista, pode fazer novas amizades frequentando lugares onde as pessoas costumam andar de skate. Até pouco tempo atrás, eu nunca tinha caído feio, mas fui subir e descer uma rampa, segurando no braço do meu amigo, e o skate foi e eu fiquei. Caí em cima da perna e fiquei meio abalada, porque doeu por dias. Dizem que quando o tombo é feio mesmo você até desiste de andar de skate.

    Mas sem traumas, na verdade. Minha meta como skatista atualmente é aprender a fazer o *ollie* e alguma outra manobra. Não que eu queira me tornar uma skatista profissional, claro. Mas como não tem nada para fazer na minha cidade, é assim que vou me distrair nas horas vagas.

sem britney não dá

Acho que quando eu fizer 23 anos nem vou mais querer sair de casa, de tanto que amo fazer isso hoje. Já vou ter cansado. Sair, para mim, é sair para dançar. Também gosto de sair só para ficar de boa conversando com meus amigos, mas se puder dançar é muito melhor.

Sempre gostei muito de dançar. Pegava o celular da minha avó, colocava na rádio e fazia coreografias na frente do espelho. Amo isso e ficar ensaiando as músicas. Se eu sei alguma coreografia, é porque aprendi vendo o clipe ou no Xbox. E se tocar em uma festinha, não tenho vergonha de fazer a coreografia lá, na frente de todo mundo. Quando era pequena e me apresentava no aniversário da minha madrasta com as minhas primas e meu irmão, escolhia até figurino especial. Fizemos "Waka Waka", da Shakira, *High School Musical*, Miley Cyrus. Também dancei "Yeah", do Usher, em uma apresentação da escola (que, aliás, é uma música maravilhosa para dançar).

Gosto de dançar hip-hop, não existe nada mais legal. Sempre que puder escolher colocar hip-hop, vou escolher. É claro que se tocar Beyoncé eu vou dançar. Rihanna e Britney também são maravilhosas. Música pop em geral vai bem a qualquer hora. De todas as minhas teorias, uma é muito séria: se você não dança música pop, você não é uma boa pessoa. Então, se você não dança Britney, feche este livro agora.

minhas playlists

Como vocês sabem, sou DJ do Snapchat e montei não só um, mas vários sets para vocês que estão lendo meu livro.

playlist para se arrumar para sair

"Firefly" — Tony Bennett & Lady Gaga
"Cigarettes & Loneliness" — Chet Faker
"Bodyache" — Purity Ring
"Schizophrenia" — Sonic Youth
"The Star Room" — Mac Miller
"My Girl" — The Temptations
"Home to Mama" — Justin Bieber & Cody Simpson
"Fluorescent Adolescent" — Arctic Monkeys
"Neon Lights" — Demi Lovato
"Basket Case" — Green Day
"One Step at a Time" — Jordin Sparks
"Flicka Da Wrist" (Remix) — Chedda Da Connect
"Shoud I Stay or Should I Go" — The Clash
"When the Sun Goes Down" — Arctic Monkeys
"No Pressure" — Justin Bieber & Big Sean

playlist para festa com os migos

"Young, Wild & Free" — Snoop Dogg & Wiz Khalifa
"No Type" — Rae Sremmurd
"One Time" — Migos
"Bitch I'm Madonna" — Madonna & Nicki Minaj
"Loyal" — Chris Brown ft. Lil Wayne & Tyga
"Empire State of Mind" — Jay Z & Alicia Keys
"Smack That" — Akon & Eminem
"Here's to Never Growing Up" — Avril Lavigne
"Alive" — Pearl Jam
"Pursuit of Happiness" — Kid Cudi & MGMT
"Felling Myself" — Nicki Minaj & Beyoncé
"Barbie Girl" — Aqua
"P.I.M.P" — 50 Cent
"Uma Thurman" — Fall Out Boy
"What Do You Mean?" — Justin Bieber
"Sk8er Boi" — Avril Lavigne

playlist para enrolar para fazer lição de casa

"Drop the Game" — Flume & Chet Faker
"Feeling Good" — Nina Simone
"Nobody's Perfect" — Jessie J
"Good for You" — Selena Gomez
"Party in the U.S.A." — Miley Cyrus
"Thnks Fr Th Mmrs" — Fall Out Boy
"Pianinho" — Esteban
"Weekend" — Mac Miller & Miguel
"Take Care" — Drake & Rihanna
"Ode to My Family" — The Cranberries
"Stressed Out" — Twenty One Pilots
"Back to Black" — Amy Winehouse
"Idfc" — Blackbear
"Points of Authority" — Linkin Park
"A Thousand Miles" — Vanessa Carlton

playlist para a academia

"Together" — Cazzette & Newtimers
"Cool for the Summer" — Demi Lovato
"Nothin' Like Me" — Chris Brown & Ty Dolla Sign
"Rumors" — Adam Lambert & Tove Lo
"Plastic Bag" — Drake & Future
"How Deep Is Your Love" — Calvin Harris & Disciples
"Hold On We're Going Home" — Drake & Majid Jordan
"I Want You to Know" — Zedd & Selena Gomez
"My House" — Flo Rida
"The Real Slim Shady" — Eminem
"Clarity" — Zedd & Foxes
"Boa noite" — Tropkillaz
"Niggas in Paris" — Jay Z & Kanye West
"Hot" — Avril Lavigne
"RGF Island" — Fetty Wap

playlist para viajar

"Sol da manhã" — Supercombo
"Cartão de visita" — Criolo & Tulipa Ruiz
"Cidade nova" — Banda do Mar
"Sitting, Waiting, Wishing" — Jack Johnson
"Domino" — Jessie J
"Bitch Better Have My Money" — Rihanna
"Brick by Boring Brick" — Paramore
"Lose Yourself to Dance" — Daft Punk
"Ride" — Twenty One Pilots
"P.D.A (We Just Don't Care)" — John Legend
"Raise Your Glass" — P!nk
"That's That Shit" — Snoop Dogg & R. Kelly
"Fuck You" — Lily Allen
"Cheerleader" — OMI
"Wake up America" — Miley Cyrus

playlist para quando tô feliz

"Mr. Brightside" — The Killers
"Hallelujah" — Panic! At The Disco
"7/11" — Beyoncé
"Tuesday" — iLoveMakonnen & Drake
"Trap Queen" — Fetty Wap
"Trophies" — Drake
"OMG" — Usher & will.i.am
"Hey Ya!" — OutKast
"Ayo" — Chris Brown & Tyga
"Lean on" — Major Lazer & dj Snake ft. MØ
"Smells Like Teen Spirit" — Nirvana
"Can't Feel My Face" — The Weeknd
"Beautiful" — Snoop Dogg & Pharrell Williams
"Put Your Records on" — Corinne Bailey Rae
"Low Life" — Future & The Weeknd

playlist para quando tô triste

"Amanheceu" — Scalene
"Too Little Too Late" — Jojo
"See You Again" — Wiz Khalifa & Charlie Puth
"Show Me" — John Legend
"Hey There Delilah" — Plain White T's
"Best of You" — Foo Fighters
"Gold Forever" — The Wanted
"Bring Me to Life" — Evanescence
"When I Look at You" — Miley Cyrus
"Kings and Queens" — 30 Seconds To Mars
"Wake Me up When September Ends" — Green Day
"Catch Me" — Demi Lovato
"The Kill (Bury Me)" — 30 Seconds To Mars
"Jar of Hearts" — Christina Perri
"Bubbly" — Colbie Caillat

playlist para dançar na frente do espelho

"My Humps" — The Black Eyed Peas
"679" — Fetty Wap & Remy Boyz
"O descobridor dos sete mares" — Tim Maia
"I Want to Break Free" — Queen
"New Flame" — Chris Brown & Usher
"Sexy Back" — Justin Timberlake
"You Da One" — Rihanna
"American Idiot" — Green Day
"Rockstar 101" — Rihanna
"Give Your Heart a Break" — Demi Lovato
"Sorry" — Justin Bieber
"... Baby One More Time" — Britney Spears
"Beep" — The Pussycat Dolls & will.i.am
"Famous" — Kanye West
"Pillowtalk" — Zayn

playlist para quando o crush responde a mensagem sem demorar

"Where Is the Love?" — The Black Eyed Peas
"Something Good" — Alt-J
"Diva" — Beyoncé
"Kiss Me thru the Phone" — Soulja Boy Tell'em & Sammie
"Numb" — Rihanna & Eminem
"Where Are Ü Now" — Jack Ü & Justin Bieber
"Angel" — Akon
"Cry Me a River" — Justin Timberlake
"Somewhere Only We Know" — Lily Allen
"Ponto de paz" — Replace
"Seal Me with a Kiss" — Jessie J & De La Soul
"Sweet Dreams (Are Made of This)" — Eurythmics
"This Moment" — Katy Perry
"Man Down" — Rihanna
"Tudo é longe" — Duca Leindecker

autoestima

Alguns meninos me chamavam de Maria Agulha, e não Maria Júlia, no condomínio em que eu morava, por causa da minha magreza. Eu não gostava, mas levava na brincadeira para não perceberem e não pegarem no meu pé com esse nome (esta é uma dica boa para não pegarem no seu pé: fingir que não liga, por mais que você ligue). Minha família sempre me chamou de "seca", mas Maria Agulha me incomodava porque eu não gostava de ser magra. O uniforme da escola tinha uma calça que era justa e ficava tipo legging em todas as meninas. Menos em mim: ficava parecendo um saco. Eu colocava uma meia-calça, uma legging e a calça da escola por cima. Morria de calor, mas pelo menos ficava com a calça menos larga. E mesmo assim continuava magra demais.

Depois dos quinze anos, comecei a pensar "Ué, sou assim, vou fazer o quê?". Hoje, quando as pessoas falam que sou muito magra, eu fico feliz. É o meu corpo e eu gosto dele assim. Algumas pessoas me perguntam "Como você faz para ser tão magra, você malha?". Isso aqui é só genética. Minha mãe, meu pai, todo mundo é magrelo na minha família.

Meninas que me seguem escrevem falando que querem ter meu corpo ou meu cabelo. Já recebi e-mails de garotas falando que se sentem deprimidas porque queriam ser magras assim também. Não sei como responder direito, porque esse é o meu normal, sem nenhum esforço. Elas me pedem dicas de alimentação, mas eu sou a pior pessoa para falar disso. Como muito errado, tomo sorvete, como hambúrguer, hot dog e continuo magra.

A adolescência é um momento difícil na nossa vida, e na escola tem muito isso de as pessoas repararem em como a gente é, falarem uns dos outros, inventarem apelido. Eu vivo em dois mundos muito diferentes: o da escola e o dos adultos que trabalham. Nesse segundo mundo ninguém está nem aí se seu cabelo é assim, se seu corpo é daquele jeito. Cada um que faça seu trabalho bem-feito e acabou.

Existem coisas que a gente pode melhorar e piorar na nossa aparência, mas o ideal é que você se aceite sempre do jeito que você é. Eu me acho bonita e sempre falo isso. Coloquei na minha cabeça que sou bonita, me olho no espelho todo dia e falo "Eu sou assim". Essa é minha maior dica. Com o tempo você vai se gostando mais e aprendendo a se sentir bem. Já falei aqui que antes eu odiava minhas sardas e passava um monte de base, mas elas estão aqui no meu rosto todos os dias, então comecei a aceitar. Hoje vivo bem com elas.

Como sou muito magra, não gosto de usar roupa colada. Uso mais solta porque acho que fica legal e dá uma disfarçada. Cada um precisa descobrir o que acha que fica bonito no seu corpo e aprender a lidar com as coisas de que não gosta tanto. Eu ficava muito noiada achando que as pessoas me viam de tal jeito, que só enxergavam meus defeitos, mas comecei a perceber que elas não reparam no que eu reparo. O segredo é não falar para os outros sobre o que você não gosta, porque se você ficar falando dos seus defeitos eles vão começar a reparar.

Cada um é de um jeito, nunca vai dar para a gente querer ser outra pessoa. A melhor saída é se gostar do jeito que você é. Autoestima é tudo, e eu me amo mesmo. Não sou narcisista tosca, mas é isso. Não é se achar, é se amar. Não fique se diminuindo, dizendo que você é feia ou que não é bonita igual às meninas da TV. Percebi isso pelas minhas experiências. É realmente um saco aguentar gente reclamando do seu lado, dizendo que o cabelo que tem é uma merda, ou que "Ai, hoje eu tô feia". Acho que ninguém gosta de gente pra baixo. Mesmo que você não esteja feliz com a sua aparência no momento, não fique se lamentando. Tente mudar o que pode e, acima de tudo, tente se aceitar e se amar. Se você não se amar, a vida não faz nenhum sentido.

70% adulta

Acho que eu já sou adulta. Desde que fiz dezessete anos e comecei a fazer coisas de adulta me vejo dessa maneira. O que chamo de coisas de adulta? Viajar a trabalho, trabalhar bastante, me hospedar em hotéis em várias cidades, pegar voos etc. Tá bom, ainda sou só 70% adulta, não posso decidir tudo da minha vida. Preciso sempre falar para a minha mãe onde e com quem estou, para ela não ficar preocupada. Ligo para o meu pai para perguntar se posso ir em tal lugar, uma festa, por exemplo. Conto aonde quero ir e com quem, para ver se ele deixa. Mas 100% adulta eu acho que só vou ser quando tiver um filho ou quando sair da casa da minha mãe e não falar mais "Mãe, me salva, me ajuda, vem me buscar!".

Ser 100% adulta, para mim, é ir ao banco, pagar contas, perder a noite preocupada com uma conta para pagar. Quando eu era mais nova, esse era meu maior medo. Quando eu for 100% adulta e estiver mal, não vou ligar para a minha mãe para falar de problemas. Vou tentar me virar. Mas não vou cozinhar, vou viver de lanche do McDonald's e açaí. ;)

167

Eu me imagino falando com meus filhos um dia e contando tudo o que eu fazia. Na verdade, não sei nem como falaria com eles sobre tudo o que eu faço. Será que eu ainda vou estar na internet e trabalhando com isso? Será que ainda vão me reconhecer na rua? Acho que um dia vou entrar num restaurante, olhar para uma mesa cheia de gente de dezessete anos e sentir saudade de quando eu tinha a mesma idade...

coisas para fazer quando eu fizer dezoito anos

Quando este livro chegar às livrarias, já vou ter dezoito anos, mas enquanto escrevo ainda tenho dezessete. Não vejo a hora de fazer dezoito anos! Dia 13 de junho de 2016 é o dia! À meia-noite em ponto juro que vou para uma balada que toque Drake segurando meu RG, e o segurança vai me deixar entrar. E isso vai ser só o começo de tudo o que eu quero fazer. Esta é a lista do que quero fazer com dezoito anos:

- Fazer muitas outras tattoos;
- Morar sozinha e ficar andando pelada sem me preocupar se alguém vai aparecer;
- Fazer cocô de porta aberta na minha casa (quando eu tiver uma própria);
- Tirar carta e aprender a dirigir;

- Queimar todos os meus materiais da escola (pena que não vou ter me formado ainda e só vou poder fazer isso com dezoito anos e alguns meses);
- Viajar para fora do Brasil sem autenticar papéis;
- Ir a um show do Drake;
- Dar uma festa que dure dezoito dias;
- Viajar sozinha durante um mês.

agradecimentos

Queria fazer alguns agradecimentos, primeiramente a Deus. Não só pelo lançamento do livro, mas também pela oportunidade que me deu de falar Dele.

Queria agradecer também aos meus avós, Geni e José, que me criaram, e Bem e a vó Meire, que amo muito. Aos meus pais, Renato e Karina, que me ajudam tanto e por me ensinarem muita coisa. Obrigada. Aos meus quatro irmãos (até o final deste livro ainda são quatro), José Augusto, Renato, Rafaela e João Francisco. Provavelmente um deles vai ler este livro só daqui uns anos, quem sabe. Ao meu tio Laerte, que sempre ajudou a mim e à minha família. E a todos os meus tios e tias, obrigada. Obrigada também a todos que fizeram este livro acontecer e a quem participou das fotos. Agradeço todos os cuidados que tiveram para deixar tudo lindo, a editora, a Jana e o Bruno. <3

créditos das imagens

pp. 2 e 90: Marlos Bakker

pp. 7, 10, 12-4, 16, 18-9, 21, 26, 28, 31, 34, 36, 38-9, 42, 50 (abaixo), 53-4, 56 (acima e ao centro), 62-3, 84-5, 97, 101, 110, 112, 114, 116, 118, 120, 122, 124, 133-4 e 171: acervo pessoal da autora

p. 8: Hanna Darzy/ Shutterstock

pp. 22-3, 48, 99, 104, 107, 109, 129-31: frames de vídeos do YouTube da autora

p. 27: Anneka/ Shutterstock

p. 35: LiliGraphie/ Shutterstock

pp. 46, 55-6 (abaixo), 65-80, 148, 151 e 156-68: Guilherme Nabhan

pp. 50 (acima, à esquerda) e 93 (ao centro, acima e abaixo): DR/ acervo pessoal da autora

pp. 50 (acima, à direita), 52, 64, 93 (à direita), 94 e 152: Hudson Rennan/ Way Model

p. 59: Helga Esteb/ Shutterstock (acima, à esquerda); Rex Features/ Keystone Brasil (acima, à direita); Featureflash Photo Agency/ Shutterstock (abaixo, à direita); Landmark Media/ Shutterstock (abaixo, à esquerda)

p. 93 (à esquerda): Pedrita Junckes/ Way Model

p. 146: Twocoms/ Shutterstock

p. 172: Giulia Dora

Esta obra foi composta por Tereza Bettinardi em Fakt e Cooper Std e impressa pela Gráfica Bartira em ofsete sobre papel Pólen Soft para a Editora Schwarcz em julho de 2016.

A marca FSC® é a garantia de que a madeira utilizada na fabricação do papel deste livro provém de florestas que foram gerenciadas de maneira ambientalmente correta, socialmente justa e economicamente viável, além de outras fontes de origem controlada.